Das **Bibel** Taschenbuch

Ein Begleiter für jeden Tag

Thorsten Haßiepen (Hrsg.)

Thorsten Haßiepen (Hrsg.)

Das Bibel Taschenbuch

Ein Begleiter für jeden Tag

Bibliografische Information der Deutschen Bibliothek

Die Deutsche Bibliothek verzeichnet diese Publikation
in der Deutschen Nationalbibliographie;
detaillierte bibliografische Daten sind im Internet
über http://dnb.ddb.de abrufbar.

ISBN-10:   3-8334-6701-0

ISBN-13:   978-3-8334-6701-1

© 2006 Thorsten Haßiepen, Wegberg – www.bibel-taschenbuch.info

Umschlaggestaltung und Grafiken:
Grafik-Atelier „Tassensprung" – www.tassensprung.de

Herstellung und Verlag:
Books on Demand GmbH, Norderstedt

Bibeltexte:
Lutherbibel, revidierter Text 1984, durchgesehene Ausgabe in neuer
Rechtschreibung, © 1999 Deutsche Bibelgesellschaft, Stuttgart. Lutherbibel,
revidierter Text 1984, © 1985 Deutsche Bibelgesellschaft, Stuttgart.

Auch als eBook erhältlich bei www.ciando.com (ISBN 978-3-939845-07-2)

Für
meinen Sohn Matthias
und
meine Frau Stefanie

Das **Bibel**
Taschenbuch

Vorwort

Was immer wir im Moment benötigen, es kann in der Bibel gefunden werden, wenn wir uns die Muße nehmen, es zu suchen. Zu all unseren Gefühlen, Nöten oder zu unseren Hoffnungen – die Bibel kann uns etwas sagen.

»Das Bibel Taschenbuch« als Sammlung von Versen aus der Bibel, alphabetisch nach Themen des Alltags geordnet, ist als handliche Referenz gedacht, wenn wir uns nach dem heilenden Beistand der Bibel zu einem unserer Probleme im Leben sehnen.

In keiner Weise erhebt dieses Buch Anspruch auf Ersatz für ein regelmäßiges Studium der Bibel oder einer tiefergehenden Suche nach Sinn im Buch der Bücher. Es gibt so viele Facetten unseres Lebens – und viele Themen in der Bibel – die hier nicht berührt werden können. Vielmehr soll dieses Buch uns einen Einstieg zum Weiterlesen der Fundstellen in der Bibel bieten.

Doch meist reicht es, ein wenig in den Versen zu stöbern, ein wenig zu lesen und wir erfahren die Kraft, die hierin liegt. Die Worte der Bibel mit ihren Geschichten und Gleichnissen öffnet unsere Augen und erweitert unseren Horizont. Meist reicht dies schon aus, um uns eine andere, positivere Einschätzung unserer aktuellen Lebenslage zu ermöglichen.

Inhaltsverzeichnis

Die Zehn Gebote

2.Mose 20,1-17

Ich bin der HERR, dein Gott, der ich dich aus Ägyptenland, aus der Knechtschaft, geführt habe. **Du sollst keine anderen Götter haben neben mir.**

Du sollst dir kein Bildnis noch irgendein Gleichnis machen, weder von dem, was oben im Himmel, noch von dem, was unten auf Erden, noch von dem, was im Wasser unter der Erde ist: Bete sie nicht an und diene ihnen nicht! Denn ich, der HERR, dein Gott, bin ein eifernder Gott, der die Missetat der Väter heimsucht bis ins dritte und vierte Glied an den Kindern derer, die mich hassen, aber Barmherzigkeit erweist an vielen tausenden, die mich lieben und meine Gebote halten.

Du sollst den Namen des HERRN, deines Gottes, nicht missbrauchen; denn der HERR wird den nicht ungestraft lassen, der seinen Namen missbraucht.

Gedenke des Sabbattages, dass du ihn heiligest. Sechs Tage sollst du arbeiten und alle deine Werke tun. Aber am siebenten Tage ist der Sabbat des HERRN, deines Gottes. Da sollst du keine Arbeit tun, auch nicht dein Sohn, deine Tochter, dein Knecht, deine Magd, dein Vieh, auch nicht dein Fremdling, der in deiner Stadt lebt. Denn in sechs Tagen hat der HERR Himmel und Erde gemacht und das Meer und alles, was darinnen ist, und ruhte am siebenten Tage. Darum segnete der HERR den Sabbattag und heiligte ihn.

Du sollst deinen Vater und deine Mutter ehren, auf dass du lange lebest in dem Lande, das dir der HERR, dein Gott, geben wird.

Du sollst nicht töten.

Du sollst nicht ehebrechen.

Du sollst nicht stehlen.

Du sollst nicht falsch Zeugnis reden wider deinen Nächsten.

Du sollst nicht begehren deines Nächsten Haus. Du sollst nicht begehren deines Nächsten Frau, Knecht, Magd, Rind, Esel noch alles, was dein Nächster hat.

Vaterunser

Matthäus 6,9-13

Unser Vater im Himmel!

Dein Name werde geheiligt.

Dein Reich komme.

Dein Wille geschehe wie im Himmel so auf Erden.

Unser tägliches Brot gib uns heute.

Und vergib uns unsere Schuld,
wie auch wir vergeben unsern Schuldigern.

Und führe uns nicht in Versuchung,
sondern erlöse uns von dem Bösen.

Denn dein ist das Reich und die Kraft
und die Herrlichkeit in Ewigkeit.

Amen.

Alter

Bei den Großvätern nur soll Weisheit sein und Verstand nur bei den Alten? Bei Gott ist Weisheit und Gewalt, sein ist Rat und Verstand.

Hiob 12,12-13

Der Jünglinge Ehre ist ihre Stärke, und graues Haar ist der Alten Schmuck.

Sprüche 20,29

Der Alten Krone sind Kindeskinder, und der Kinder Ehre sind ihre Väter.

Sprüche 17,6

Und du wirst im Alter zu Grabe kommen, wie Garben eingebracht werden zur rechten Zeit.

Hiob 5,26

Verwirf mich nicht in meinem Alter, verlass mich nicht, wenn ich schwach werde.

Psalm 71,9

Auch bis in euer Alter bin ich derselbe, und ich will euch tragen, bis ihr grau werdet. Ich habe es getan; ich will heben und tragen und erretten.

Jesaja 46,4

Auch im Alter, Gott, verlass mich nicht, und wenn ich grau werde, bis ich deine Macht verkündige Kindeskindern und deine Kraft allen, die noch kommen sollen.

Psalm 71,17-18

Was du auch tust, so bedenke dein Ende, dann wirst du nie etwas Böses tun.

Sirach 7,40

Sag dich nicht los von der Unterweisung der Alten, denn auch sie haben von ihren Vätern gelernt.

Sirach 8,11

Unser Leben währet siebzig Jahre, und wenn's hoch kommt, so sind's achtzig Jahre, und was daran köstlich scheint, ist doch nur vergebliche Mühe; denn es fähret schnell dahin, als flögen wir davon. Wer glaubt's aber, dass du so sehr zürnest, und wer fürchtet sich vor dir in deinem Grimm? Lehre uns bedenken, dass wir sterben müssen, auf dass wir klug werden.

Psalm 90,10-12

Angst

Fürchte dich nicht, du kleine Herde! Denn es hat eurem Vater wohlgefallen, euch das Reich zu geben.

Lukas 12,32

Denn ich bin der HERR, dein Gott, der deine rechte Hand fasst und zu dir spricht: Fürchte dich nicht, ich helfe dir!

Jesaja 41,13

Und fürchtet euch nicht vor denen, die den Leib töten, doch die Seele nicht töten können.

Matthäus 10,28

Legst du dich, so wirst du dich nicht fürchten, und liegst du, so wirst du süß schlafen.

Sprüche 3,24

So können auch wir getrost sagen: »Der Herr ist mein Helfer, ich will mich nicht fürchten; was kann mir ein Mensch tun?«

Hebräer 13,6

Fürchte dich nicht vor plötzlichem Schrecken noch vor dem Verderben der Gottlosen, wenn es über sie kommt; denn der HERR ist deine Zuversicht; er behütet deinen Fuß, dass er nicht gefangen werde.

Sprüche 3,25-26

Denn Gott hat uns nicht gegeben den Geist der Furcht, sondern der Kraft und der Liebe und der Besonnenheit.

2.Timotheus 1,7

Und zu der Zeit, wenn dir der HERR Ruhe geben wird von deinem Jammer und Leid und von dem harten Dienst, in dem du gewesen bist.

Jesaja 14,3

Denn die Augen des Herrn sehen auf die Gerechten, und seine Ohren hören auf ihr Gebet; das Angesicht des Herrn aber steht wider die, die Böses tun. Und wer ist's, der euch schaden könnte, wenn ihr dem Guten nacheifert? Und wenn ihr auch leidet um der Gerechtigkeit willen, so seid ihr doch selig. Fürchtet euch nicht vor ihrem Drohen und erschreckt nicht.

1.Petrus 3,12-14

Fürchte dich nicht, denn du sollst nicht zuschanden werden; schäme dich nicht, denn du sollst nicht zum Spott werden, sondern du wirst die Schande deiner Jugend vergessen und der Schmach deiner Witwenschaft nicht mehr gedenken.

Jesaja 54,4

Du sollst auf Gerechtigkeit gegründet sein. Du wirst ferne sein von Bedrückung, denn du brauchst dich nicht zu fürchten, und von Schrecken, denn er soll dir nicht nahen.

Jesaja 54,14

Menschenfurcht bringt zu Fall; wer sich aber auf den HERRN verlässt, wird beschützt.

Sprüche 29,25

Aber in dem allen überwinden wir weit durch den, der uns geliebt hat. Denn ich bin gewiss, dass weder Tod noch Leben, weder Engel noch Mächte noch Gewalten, weder Gegenwärtiges noch Zukünftiges, weder Hohes noch Tiefes noch eine andere Kreatur uns scheiden kann von der Liebe Gottes, die in Christus Jesus ist, unserm Herrn.

Römer 8,37-39

Denn ihr habt nicht einen knechtischen Geist empfangen, dass ihr euch abermals fürchten müsstet; sondern ihr habt einen kindlichen Geist empfangen, durch den wir rufen: Abba, lieber Vater!

Römer 8,15

Und er sprach zu ihnen: Was seid ihr so furchtsam? Habt ihr noch keinen Glauben?

Markus 4,40

Wer aber mir gehorcht, wird sicher wohnen und ohne Sorge sein und kein Unglück fürchten.

Sprüche 1,33

Ich, ich bin euer Tröster! Wer bist du denn, dass du dich vor Menschen gefürchtet hast, die doch sterben, und vor Menschenkindern, die wie Gras vergehen.

Jesaja 51,12

Gott ist unsre Zuversicht und Stärke, eine Hilfe in den großen Nöten, die uns getroffen haben. Darum fürchten wir uns nicht, wenngleich die Welt unterginge und die Berge mitten ins Meer sänken, wenngleich das Meer wütete und wallte und von seinem Ungestüm die Berge einfielen.

Psalm 46,2-4

Er wird dich mit seinen Fittichen decken, und Zuflucht wirst du haben unter seinen Flügeln. Seine Wahrheit ist Schirm und Schild, dass du nicht erschrecken musst vor dem Grauen der Nacht, vor den Pfeilen, die des Tages fliegen, vor der Pest, die im Finstern schleicht, vor der Seuche, die am Mittag Verderben bringt.

Psalm 91,4-6

Wenn du durch Wasser gehst, will ich bei dir sein, dass dich die Ströme nicht ersäufen sollen; und wenn du ins Feuer gehst, sollst du nicht brennen, und die Flamme soll dich nicht versengen.

Jesaja 43,2

Den Friede lasse ich euch, meinen Frieden gebe ich euch. Nicht gebe ich euch, wie die Welt gibt. Euer Herz erschrecke nicht und fürchte sich nicht.

Johannes 14,27

Und ob ich schon wanderte im finstern Tal, fürchte ich kein Unglück; denn du bist bei mir, dein Stecken und Stab trösten mich. Du bereitest vor mir einen Tisch im Angesicht meiner Feinde. Du salbest mein Haupt mit Öl und schenkest mir voll ein.

Psalm 23,4-5

Der HERR ist mein Licht und mein Heil; vor wem sollte ich mich fürchten? Der HERR ist meines Lebens Kraft; vor wem sollte mir grauen? Wenn sich auch ein Heer wider mich lagert, so fürchtet sich dennoch mein Herz nicht; wenn sich Krieg wider mich erhebt, so verlasse ich mich auf »ihn.«

Psalm 27,1-3

Anmut

Und ich bete darum, dass eure Liebe immer noch reicher werde an Erkenntnis und aller Erfahrung.

Philipper 1,9

Wir müssen Gott allezeit für euch danken, liebe Brüder, wie sich's gebührt. Denn euer Glaube wächst sehr und eure gegenseitige Liebe nimmt zu bei euch allen.

2.Thessalonicher 1,3

Erfüllt mit Frucht der Gerechtigkeit durch Jesus Christus zur Ehre und zum Lobe Gottes.

Philipper 1,11

Darin wird mein Vater verherrlicht, dass ihr viel Frucht bringt und werdet meine Jünger.

Johannes 15,8

Der HERR wird meine Sache hinausführen. HERR, deine Güte ist ewig. Das Werk deiner Hände wollest du nicht lassen.

Psalm 138,8

Nun aber schauen wir alle mit aufgedecktem Angesicht die Herrlichkeit des Herrn wie in einem Spiegel, und wir werden verklärt in sein Bild von einer Herrlichkeit zu andern von dem Herrn, der der Geist ist.

2.Korinther 3,18

So wendet alle Mühe daran und erweist in eurem Glauben Tugend und in der Tugend Erkenntnis und in der Erkenntnis Mäßigkeit und in der Mäßigkeit Geduld und in der Geduld Frömmigkeit und in der Frömmigkeit brüderliche Liebe und in der brüderlichen Liebe die Liebe zu allen Menschen.

2.Petrus 1,5-8

Der Gerechten Pfad glänzt wie das Licht am Morgen, das immer heller leuchtet bis zum vollen Tag.

Sprüche 4,18

Weiter, liebe Brüder, bitten und ermahnen wir euch in dem Herrn Jesus da ihr von uns empfangen habt, wie ihr leben sollt, um Gott zu gefallen, was ihr ja auch tut, dass ihr darin immer vollkommener werdet.

1.Thessalonicher 4,1

Aber der Gerechte hält fest an seinem Weg, und wer reine Hände hat, nimmt an Stärke zu.

Hiob 17,9

Das zu euch gekommen ist, wie es auch in aller Welt Frucht bringt und auch bei euch wächst von dem Tag an, da ihr's gehört und die Gnade Gottes erkannt habt in der Wahrheit.

Kolosser 1,6

Und jage nach dem vorgesteckten Ziel, dem Siegespreis der himmlischen Berufung Gottes in Christus Jesus. Wie viele nun von uns vollkommen sind, die lasst uns so gesinnt sein. Und solltet ihr in einem Stück anders denken, so wird euch Gott auch das offenbaren. Nur, was wir schon erreicht haben, darin lasst uns auch leben.

Philipper 3,14-16

Arbeit

Geh hin zur Ameise, du Fauler, sieh an ihr Tun und lerne von ihr!

Sprüche 6,6

Lass deinen Fuß auf ebener Bahn gehen, und alle deine Wege seien gewiss.

Sprüche 4,26

Wer arbeitet, dem ist der Schlaf süß, er habe wenig oder viel gegessen; aber die Fülle lässt den Reichen nicht schlafen.

Kohelet 5,11

Wenn ein Fürst ohne Verstand ist, so geschieht viel Unrecht; wer aber unrechten Gewinn hasst, wird lange leben.

Sprüche 28,16

Ein Herrscher, der auf Lügen hört, hat nur gottlose Diener.

Sprüche 29,12

Am Morgen säe deinen Samen, und lass deine Hand bis zum Abend nicht ruhen; denn du weißt nicht, was geraten wird, ob dies oder das oder ob beides miteinander gut gerät.

Kohelet 11,6

Und dient einander, ein jeder mit der Gabe, die er empfangen hat, als die guten Haushalter der mancherlei Gnade Gottes.

1.Petrus 4,10

Mein Kind, verliere dich nicht in viele Geschäfte; denn wenn du dir zu viel vornimmst, bleibst du nicht ohne Schuld.

Sirach 11,10

Wer von seiner Arbeit lebt und wer bescheiden ist, der hat ein gutes Leben; aber besser als beide hat es der, der einen Schatz findet.

Sirach 40,18

Wo man arbeitet, da ist Gewinn; wo man aber nur mit Worten umgeht, da ist Mangel.

Sprüche 14,23

Rühme dich nicht des morgigen Tages; denn du weißt nicht, was der Tag bringt.

Sprüche 27,1

Ärger, Wut und Zorn

Lobsinget dem Herrn, ihr seine Heiligen, und preiset seinen heiligen Namen!

Psalm 30,5

Ihr sollt wissen, meine lieben Brüder: ein jeder Mensch sei schnell zum Hören, langsam zum Reden, langsam zum Zorn. Denn des Menschen Zorn tut nicht, was vor Gott recht ist.

Jakobus 1,19-20

Ein Jähzorniger handelt töricht; aber ein Ränkeschmied wird gehasst.

Sprüche 14,17

Gnädig und barmherzig ist der Herr, geduldig und von großer Güte.

Psalm 145,8

Ein Geduldiger ist besser als ein Starker und wer sich selbst beherrscht, besser als einer, der Städte gewinnt.

Sprüche 16,32

Ein zorniger Mann richtet Streit an, und ein Grimmiger tut viel Sünde.

Sprüche 29,22

Ein zorniger Mann richtet Zank an; ein Geduldiger aber stillt den Streit.

Sprüche 15,18

Steh ab vom Zorn und lass den Grimm, entrüste dich nicht, damit du nicht Unrecht tust.

Psalm 37,8

Geselle dich nicht zum Zornigen und halt dich nicht zu einem wütenden Mann; Du könntest auf seinen Weg geraten und dicht selbst zu Fall bringen.

Sprüche 22,24-25

Rächt euch nicht selbst, meine Lieben, sondern gebt Raum dem Zorn Gottes; denn es steht geschrieben: »Die Rache ist mein; ich will vergelten, spricht der Herr.« Vielmehr, wenn deinen Feind hungert, gib ihm zu essen; dürstet ihn, gib ihm zu trinken. Wenn du das tust, so wirst du feurige Kohlen auf sein Haupt sammeln. Lass dich nicht vom Bösen überwinden, sondern überwinde das Böse mit Gutem.

Römer 12,19-21

Eine linde Antwort stillt den Zorn; aber ein hartes Wort erregt Grimm.

Sprüche 15,1

Nun aber legt alles ab von euch: Zorn, Grimm, Bosheit, Lästerung, schandbare Worte aus eurem Munde.

Kolosser 3,8

Besser in der Wüste wohnen als bei einem zänkischen und zornigen Weibe.

Sprüche 21,19

Ihr Väter, erbittet eure Kinder nicht, damit sie nicht scheu werden.

Kolosser 3,21

Wer mit seinem Bruder zürnt, der ist des Gerichts schuldig; wer aber zu seinem Bruder sagt: Du Nichtsnutz!, der ist des Hohen Rats schuldig; wer aber sagt: Du Narr!, der ist des höllischen Feuers schuldig.

Matthäus 5,22

Klugheit macht den Mann langsam zum Zorn, und es ist seine Ehre, dass er Verfehlung übersehen kann.

Sprüche 19,11

Alle Bitterkeit und Grimm und Zorn und Geschrei und Lästerung seien fern von euch samt aller Bosheit. Seid aber untereinander freundlich und herzlich und vergebt einer dem andern, wie auch Gott euch vergeben hat in Christus.

Epheser 4,31-32

Hungert deinen Feind, so speise ihn mit Brot, dürstet ihn, so tränke ihn mit Wasser, denn du wirst feurige Kohlen auf sein Haupt häufen, und der Herr wird dir's vergelten.

Sprüche 25,21-22

Zürnt ihr, so sündigt nicht; lasst die Sonne nicht über eurem Zorn untergehen.

Epheser 4,26

Armut

Du gabst, Gott, einen gnädigen Regen, und dein Erbe, das dürre war, erquicktest du.

Psalm 68,10

Aber die Armen schützte er vor Elend und mehrte ihr Geschlecht wie eine Herde.

Psalm 107,41

Die Elenden sehen es und freuen sich, und die Gott suchen, denen wird das Herz aufleben.

Psalm 69,33

Denn er wird den Armen erretten, der um Hilfe schreit, und den Elenden, der keinen Helfer hat. Er wird gnädig sein den Geringen und Armen, und den Armen wird er helfen.

Psalm 72,12-13

Ja, der HERR baut Zion wieder und erscheint in seiner Herrlichkeit.

Psalm 102,17

Der oben thront in der Höhe, der herniederschaut in die Tiefe, der den Geringen aufrichtet aus dem Staube und erhöht den Armen aus dem Schmutz.

Psalm 113,6-7

Ich will ihre Speise segnen und ihren Armen Brot genug geben.

Psalm 132,15

Begleitung und Führung

So unterwies ihn sein Gott und lehrte ihn, wie es recht sei.

Jesaja 28,26

Habt gut Acht auf seine Mauern, durchwandert seine Paläste, dass ihr den Nachkommen davon erzählt: Wahrlich, das ist Gott, unser Gott für immer und ewig. Er ist's, der uns führet.

Psalm 48,14-15

Deine Ohren werden hinter dir das Wort hören: »Dies ist der Weg; den geht! Sonst weder zur Rechten noch zur Linken!«

Jesaja 30,21

Des Menschen Herz erdenkt sich seinen Weg; aber der HERR allein lenkt seinen Schritt.

Sprüche 16,9

»Ich will dich unterweisen und dir den Weg zeigen, den du gehen sollst; ich will dich mit meinen Augen leiten.«

Psalm 32,8

Die Gerechtigkeit des Frommen macht seinen Weg eben; aber der Gottlose wird fallen durch seine Gottlosigkeit.

Sprüche 11,5

Verlass dich auf den HERRN von ganzem Herzen, und verlass dich nicht auf deinen Verstand, sondern gedenke an ihn in allen deinen Wegen, so wird er dich recht führen.

Sprüche 3,5-6

Aber die Blinden will ich auf dem Wege leiten, den sie nicht wissen; ich will sie führen auf den Steigen, die sie nicht kennen. Ich will die Finsternis vor ihnen her zum Licht machen und das Höckerige zur Ebene. Das alles will ich tun und nicht davon lassen.

Jesaja 42,16

Dennoch bleibe ich stets an dir; denn du hältst mich bei meiner rechten Hand, du leitest mich nach deinem Rat und nimmst mich am Ende mit Ehren an.

Psalm 73,23-24

Von dem HERRN kommt es, wenn eines Mannes Schritte fest werden, und er hat Gefallen an seinem Wege.

Psalm 37,23

Buße

Er heilt, die zerbrochenen Herzens sind, und verbindet ihre Wunden.

Psalm 147,3

Und sie zogen aus und predigten, man solle Buße tun.

Markus 6,12

Wenn die Gerechten schreien, so hört der HERR und errettet sie aus all ihrer Not.

Psalm 34,18

Wenn du den Frevel in deiner Hand von dir wegtust, dass in deiner Hütte kein Unrecht bliebe, so könntest du dein Antlitz aufheben ohne Tadel und würdest fest sein und dich nicht fürchten.

Hiob 11,14-15

Die Zeit ist erfüllt, und das Reich Gottes ist herbeigekommen. Tut Buße und glaubt an das Evangelium!

Markus 1,15

Geht aber hin und lernt, was das heißt: »Ich habe Wohlgefallen an Barmherzigkeit und nicht am Opfer.« Ich bin gekommen, die Sünder zu rufen und nicht die Gerechten.

Matthäus 9,13

Demut

So demütigt euch nun unter die gewaltige Hand Gottes, damit er euch erhöhe zu seiner Zeit.

1.Petrus 5,6

Wer nun sich selbst erniedrigt und wird wie dies Kind, der ist der Größte im Himmelreich.

Matthäus 18,4

Das Verlangen der Elenden hörst du, HERR; du machst ihr Herz gewiss, dein Ohr merkt darauf.

Psalm 10,17

Der Lohn der Demut und der Furcht des HERRN ist Reichtum, Ehre und Leben.

Sprüche 22,4

Besser niedrig sein mit den Demütigen als Beute austeilen mit den Hoffärtigen.

Sprüche 16,19

»Gott widersteht den Hochmütigen, aber den Demütigen gibt er Gnade.«

Jakobus 4,6

Die Furcht des HERRN ist Zucht, die zur Weisheit führt, und ehe man zu Ehren kommt, muss man Demut lernen.

Sprüche 15,33

Lobet den HERRN, der zu Zion wohnt; verkündigt unter den Völkern sein Tun!

Psalm 9,12

Er wird der Spötter spotten, aber den Demütigen wird er Gnade geben.

Sprüche 3,34

Denn er erniedrigt die Hochmütigen; aber wer seine Augen niederschlägt, dem hilft er.

Hiob 22,29

Die Hoffart des Menschen wird ihn stürzen; aber der Demütige wird Ehre empfangen.

Sprüche 29,23

Denn wer sich selbst erhöht, der wird erniedrigt; und wer sich selbst erniedrigt, der wird erhöht.

Matthäus 23,12

Ehe

Darum auch ihr: ein jeder habe lieb seine Frau wie sich selbst; die Frau aber ehre den Mann.

Epheser 5,33

Dein Born sei gesegnet, und freue dich des Weibes deiner Jugend. Sie ist lieblich wie eine Gazelle und holdselig wie ein Reh. Lass dich von ihrer Anmut allzeit sättigen und ergötze dich allewege an ihrer Liebe. Mein Sohn, warum willst du dich an der Fremde ergötzen und herzest eine andere?

Sprüche 5,18-20

Ihr Frauen, ordnet euch euren Männern unter, wie sich's gebührt in dem Herrn. Ihr Männer, liebt eure Frauen und seid nicht bitter gegen sie.

Kolosser 3,18-19

Trinke Wasser aus deiner Zisterne und was quillt aus deinem Brunnen.

Sprüche 5,15

Der Mann leiste der Frau, was er ihr schuldig ist, desgleichen die Frau dem Mann.

1.Korinther 7,3

Darum wird ein Mann Vater und Mutter verlassen und an seiner Frau hängen, und die zwei werden ein Fleisch sein.

Epheser 5,31

Ihr Frauen, ordnet euch euren Männer unter wir dem Herrn. Denn der Mann ist das Haupt der Frau, wie auch Christus das Haupt der Gemeinde ist, die er als sein Leib erlöst hat.

Epheser 5,22-23

Dass sie ihre Männer lieben, ihre Kinder lieben, besonnen seien, keusch, häuslich, gütig, und sich ihren Männern unterordnen, damit nicht das Wort Gottes verlästert werde.

Titus 2,4-5

Ihr Männer, liebt eure Frauen, wie auch Christus, die Gemeinde geliebt hat und hat sich selbst für sie dahingegeben, um sie zu heiligen.

Epheser 5,25-26

Desgleichen, ihr Männer, wohnt vernünftig mit ihnen zusammen und gebt dem weiblichen Geschlecht als dem schwächeren seine Ehre. Denn auch die Frauen sind Miterben der Gnade des Lebens, und euer gemeinsames Gebet soll nicht behindert werden.

1.Petrus 3,7

So sollen auch die Männer ihre Frauen lieben wie ihren eigenen Leib. Wer seine Frau liebt, der liebt sich selbst.

Epheser 5,28

Wenn aber jemand die Seinen, besonders seine Hausgenossen, nicht versorgt, hat er den Glauben verleugnet und ist schlimmer als ein Heide.

1.Timotheus 5,8

Ehrlichkeit

Ihr sollt nicht unrecht handeln im Gericht, mit der Elle, mit Gewicht, mit Maß.

3.Mose 19,35

Ihr sollt nicht stehlen noch lügen noch betrügerisch handeln einer mit dem andern.

3.Mose 19,11

Falsche Waage ist dem HERRN ein Gräuel; aber ein volles Gewicht ist sein Wohlgefallen.

Sprüche 11,1

So übervorteile nun keiner seinen Nächsten, sondern fürchte dich vor deinem Gott; denn ich bin der HERR, euer Gott.

3.Mose 25,17

Wer in Gerechtigkeit wandelt und redet, was recht ist; wer schändlichen Gewinn hasst und seine Hände bewahrt, dass er nicht Geschenke nehme; wer seine Ohren zustopft, dass er nichts von Blutschuld höre, und seine Augen zuhält, dass er nichts Arges sehe, der wird in der Höhe wohnen, und Felsen werden seine Feste und Schutz sein. Sein Brot wird ihm gegeben, sein Wasser hat er gewiss.

Jesaja 33,15-16

Weigere dich nicht, dem Bedürftigen Gutes zu tun, wenn deine Hand es vermag.

Sprüche 3,27

Belügt einander nicht; denn ihr habt den alten Menschen mit seinen Werken ausgezogen.

Kolosser 3,9-10

Der Gottlose muss borgen und bezahlt nicht, aber der Gerechte ist barmherzig und kann geben.

Psalm 37,21

Besser wenig mit Gerechtigkeit als viel Einkommen mit Unrecht.

Sprüche 16,8

Niemand gehe zu weit und übervorteile seinen Bruder im Handel; denn der Herr ist ein Richter über das alles, wie wir euch schon früher gesagt und bezeugt haben. Denn Gott hat uns nicht berufen zur Unreinheit, sondern zur Heiligung.

1.Thessalonicher 4,6-7

Du sollst ein volles und rechtes Gewicht und ein volles und rechtes Maß haben, auf dass dein Leben lange währe in dem Lande, das dir der HERR, dein Gott, geben wird.

5.Mose 25,15-16

Eifersucht und Neid

Sei nicht neidisch auf böse Menschen und wünsche nicht, bei ihnen zu sein.

Sprüche 24,1

Oder meint ihr, die Schrift sage umsonst: Mit Eifer wacht Gott über den Geist, den er in uns hat wohnen lassen.

Jakobus 4,5

Er sprach aber zu seinen Jüngern: Darum sage ich euch: Sorgt nicht um euer Leben, was ihr essen sollt, auch nicht um euren Leib, was ihr anziehen sollt. Denn das Leben ist mehr als die Nahrung und der Leib mehr als die Kleidung.

Lukas 12,22-23

Du sollst nicht begehren deines Nächsten Frau. Du sollst nicht begehren deines Nächsten Haus, Acker, Knecht, Magd, Rind, Esel noch alles, was sein ist.

5.Mose 5,21

Sei nicht neidisch auf den Gewalttätigen und erwähle seiner Wege keinen.

Sprüche 3,31

Ein gelassenes Herz ist des Leibes Leben; aber Eifersucht ist Eiter in den Gebeinen.

Sprüche 14,30

Zorn ist ein wütig Ding, und Grimm ist ungestüm; aber wer kann vor der Eifersucht bestehen?

Sprüche 27,4

Lasst uns nicht nach eitler Ehre trachten, einander nicht herausfordern und beneiden.

Galater 5,26

Niemand suche das Seine, sondern was dem andern dient.

1.Korinther 10,24

Denn wo Neid und Streit ist, da sind Unordnung und lauter böse Dinge.

Jakobus 3,16

Sei stille dem HERRN und warte auf ihn. Entrüste dich nicht über den, dem es gut geht, der seinen Mutwillen treibt.

Psalm 37,7

Denn der Gottlose rühmt sich seines Mutwillens, und der Habgierige sagt dem HERRN ab und lästert ihn.

Psalm 10,3

Habt ihr aber bittern Neid und Streit in eurem Herzen, so rühmt euch nicht und lügt nicht der Wahrheit zuwider.

Jakobus 3,14

Dein Herz sei nicht neidisch auf den Sünder, sondern trachte täglich nach der Furcht des HERRN; denn das Ende kommt noch und dann wird deine Hoffnung nicht zuschanden. Höre, mein Sohn, und sei weise und richte dein Herz auf den rechten Weg.

Sprüche 23,17-18

Einsamkeit

Und Gott der HERR sprach: »Es ist nicht gut, dass der Mensch allein sei; ich will ihm eine Gehilfin machen, die um ihn sei.«

1.Mose 2,18

Dann wirst du rufen und der HERR wird dir antworten. Wenn du schreist, wird er sagen: Siehe, hier bin ich. Wenn du in deiner Mitte niemand unterjochst und nicht mit Fingern zeigst und nicht übel redest.

Jesaja 58,9

Lass deiner sich freuen und fröhlich sein alle, die nach dir fragen; und die dein Heil lieben, lass allewege sagen: Der HERR sei hoch gelobt!

Psalm 40,17

Und siehe, ich bin mit dir und will dich behüten, wo du hinziehst, und will dich wieder herbringen in dies Land. Denn ich will dich nicht verlassen, bis ich alles tue, was ich dir zugesagt habe.

Genesis 28,15

Und ihr sollt meine Söhne und Töchter sein, spricht der allmächtige Herr.

2.Korinther 6,18

Ich will euch nicht als Waisen zurücklassen; ich komme zu euch.

Johannes 14,18

Weil du in meinen Augen so wert geachtet und auch herrlich bist und weil ich dich lieb habe. Ich gebe Menschen an deiner statt und Völker für dein Leben.

Jesaja 43,4

Elterliche Pflichten

Ihr sollt euren Söhnen sagen an demselben Tage: Das halten wir um dessentwillen, was uns der HERR getan hat, als wir aus Ägypten zogen.

Exodus 13,8

Denn dazu habe ich ihn auserkoren, dass er seinen Kindern befehle und seinem Hause nach ihm, dass sie des Herrn Wege halten und tun, was recht und gut ist.

Genesis 18,19

Hüte dich nur und bewahre deine Seele gut, dass du nicht vergisst, was deine Augen gesehen haben, und dass es nicht aus deinem Herzen kommt dein ganzes Leben lang. Und du sollst deinen Kindern und Kindeskindern kundtun den Tag, da du vor dem HERRN, deinem Gott, standest an dem Berge Horeb, als der HERR zu mir sagte: Versammle mir das Volk, dass sie meine Worte hören und so mich fürchten lernen alle Tage ihres Lebens auf Erden und ihre Kinder lehren.

5.Mose 4,9-10

Ihr Väter, erbittert eure Kinder nicht, damit sie euch nicht scheuen.

Kolosser 3,21

Wir verkündigen dem kommenden Geschlecht den Ruhm des Herrn und seine Macht und seine Wunder, die er getan hat. Er richtete ein Zeugnis auf in Jakob und gab ein Gesetz in Israel und gebot unsern Vätern, es ihre Kinder zu lehren, damit es die Nachkommen lernten, die Kinder, die noch geboren würden; die sollten auferstehen und es auch ihren Kindern verkündigen, dass sie setzten auf Gott ihre Hoffnung und nicht vergäßen die Taten Gottes, sondern seine Gebote hielten.

Psalm 78,4-7

Gewöhne einen Knaben an seinen Weg, so lässt er auch nicht davon, wenn er alt wird.

Sprüche 22,6

Züchtige deinen Sohn, so wird er dir Freude machen und deine Seele erquicken.

Sprüche 29,17

Und ihr Väter, reizt eure Kinder nicht zum Zorn, sondern erzieht sie in der Zucht und Ermahnung des Herrn.

Epheser 6,4

Erfolg

Du wirst dich nähren von deiner Hände Arbeit; wohl dir, du hast's gut.

Psalm 128,2

Der Lohn der Demut und der Furcht des HERRN ist Reichtum, Ehre und Leben.

Sprüche 22,4

Und der HERR, dein Gott, wird dir Glück geben zu allen Werken deiner Hände, zu der Frucht deines Leibes, zu den Jungtieren deines Viehs, zum Ertrag deines Ackers, dass dir's zugute komme. Denn der HERR wird sich wieder über dich freuen, dir zugut, wie er sich über deine Väter gefreut hat.

5.Mose 30,9

Und der HERR wird machen, dass du Überfluss an Gutem haben wirst, an Frucht deines Leibes, an Jungtieren deines Viehs, an Ertrag deines Ackers, in dem Lande, das der HERR deinen Vätern geschworen hat, dir zu geben. Und der HERR wird dir seinen guten Schatz auftun, den Himmel, dass er deinem Land Regen gebe zur rechten Zeit und dass er segne alle Werke deiner Hände. Und du wirst vielen Völkern leihen, aber von niemand borgen. Und der HERR wird dich zum Kopf machen und nicht zum Schwanz, und du wirst immer aufwärts steigen und nicht heruntersinken, weil du gehorsam bist den Geboten des HERRN, deines Gottes, die ich dir heute gebiete zu halten und zu tun.

5.Mose 28,11-13

Und er wird deinem Samen, den du auf den Acker gesät hast, Regen geben und dir Brot geben vom Ertrag des Ackers in voller Genüge. Und dein Vieh wird zu der Zeit weiden auf weiter Aue.

Jesaja 30,23

Reichtum und Ehre ist bei mir, bleibendes Gut und Gerechtigkeit. Meine Frucht ist besser als Gold und feines Gold, und mein Ertrag besser als erlesenes Silber.

Sprüche 8,18-19

Was du dir vornimmst, lässt er dir gelingen, und das Licht wird auf deinen Wegen scheinen.

Hiob 22,28

In des Gerechten Haus ist großes Gut; aber in des Gottlosen Gewinn steckt Verderben.

Sprüche 15,6

Und will deinem Vieh Gras geben auf deinem Felde, dass ihr esst und satt werdet.

5.Mose 11,15

Sie werden Häuser bauen und bewohnen, sie werden Weinberge pflanzen und ihre Früchte essen. Sie sollen nicht bauen, was ein anderer bewohne, und nicht pflanzen, was ein anderer esse. Denn die Tage meines Volks werden sein wie die Tage eines Baumes, und ihrer Hände Werk werden meine Auserwählten genießen. Sie sollen nicht umsonst arbeiten und keine Kinder für einen frühen Tod zeugen; denn sie sind das Geschlecht der Gesegneten des HERRN, und ihre Nachkommen sind bei ihnen.

Jesaja 65,21-23

Der Gerechten Wunsch führt zu lauter Gutem; aber der Gottlosen Hoffen führt zum Tage des Zorns.

Sprüche 11,23

Und weil du der Stimme des HERRN, deines Gottes, gehorsam gewesen bist, werden über dich kommen und dir zuteil werden alle diese Segnungen: Gesegnet wirst du sein in der Stadt, gesegnet wirst du sein auf dem Acker. Gesegnet wird sein die Frucht deines Leibes, der Ertrag deines Ackers und die Jungtiere deines Viehs, deiner Rinder und deiner Schafe. Gesegnet wird sein dein Korb und dein Backtrog. Gesegnet wirst du sein bei deinem Eingang und gesegnet bei deinem Ausgang.

5.Mose 28,2-6

Der ist wie ein Baum, gepflanzt an den Wasserbächen, der seine Frucht bringt zu seiner Zeit, und seine Blätter verwelken nicht. Und was er macht, das gerät wohl.

Psalm 1,3

Wirf in den Staub dein Gold und zu den Steinen der Bäche das Gold von Ofir, so wird der Allmächtige dein Gold sein und wie Silber, das dir zugehäuft wird.

Hiob 22,24-25

Erlösung

Ist jemand in Christus, so ist er eine neue Kreatur; das Alte ist vergangen, siehe, Neues ist geworden.

2.Korinther 5,17

Jesus antwortete und sprach zu ihm: Wahrlich, wahrlich, ich sage dir: Es sei denn, dass jemand von neuem geboren werde, so kann er das Reich Gottes nicht sehen. Nikodemus spricht zu ihm: Wie kann ein Mensch geboren werden, wenn er alt ist? Kann er denn wieder in seiner Mutter Leib gehen und geboren werden? Jesus antwortete: Wahrlich, wahrlich, ich sage dir: Es sei denn, dass jemand geboren werde aus Wasser und Geist, so kann er nicht in das Reich Gottes kommen. Was vom Fleisch geboren ist, das ist Fleisch; und was vom Geist geboren ist, das ist Geist. Wundere dich nicht, dass ich dir gesagt habe: Ihr müsst von neuem geboren werden.

Johannes 3,3-7

Und er hat euch mit ihm lebendig gemacht, die ihr tot wart in den Sünden und in der Unbeschnittenheit eures Fleisches, und hat uns vergeben alle Sünden.

Kolosser 2,13

Auch ihr wart tot durch eure Übertretungen und Sünden.
Epheser 2,1

Dies ist gut und wohlgefällig vor Gott, unserm Heiland, welcher will, dass allen Menschen geholfen werde und sie zur Erkenntnis der Wahrheit kommen.

1.Timotheus 2,3-4

Meine Kinder, dies schreibe ich euch, damit ihr nicht sündigt. Und wenn jemand sündigt, so haben wir einen Fürsprecher bei dem Vater, Jesus Christus, der gerecht ist.

1.Johannes 2,1-2

Das ist gewisslich wahr und ein Wort, des Glaubens wert. Denn dafür arbeiten und kämpfen wir, weil wir unsre Hoffnung auf den lebendigen Gott gesetzt haben, welcher ist der Heiland aller Menschen, besonders der Gläubigen.

1.Timotheus 4,9-10

Als aber erschien die Freundlichkeit und Menschenliebe Gottes, unseres Heilands, machte er uns selig - nicht um der Werke der Gerechtigkeit willen, die wir getan hatten, sondern nach seiner Barmherzigkeit - durch das Bad der Wiedergeburt und Erneuerung im Heiligen Geist, den er über uns reichlich ausgegossen hat durch Jesus Christus, unsern Heiland.

Titus 3,4-6

Wie viele ihn aber aufnahmen, denen gab er Macht, Gottes Kinder zu werden, denen die an seinen Namen glauben, die nicht aus dem Blut noch aus dem Willen des Fleisches noch aus dem Willen eines Mannes, sondern von Gott geboren sind.

Johannes 1,12-13

Denn er hat den, der von keiner Sünde wusste, für uns zur Sünde gemacht, damit wir in ihm die Gerechtigkeit würden, die vor Gott gilt.

2.Korinther 5,21

Aber nicht verhält sich's mit der Gabe wie mit der Sünde. Denn wenn durch die Sünde des Einen die Vielen gestorben sind, um wieviel mehr ist Gottes Gnade und Gabe den vielen überreich zuteil geworden durch die Gnade des einen Menschen Jesus Christus.

Römer 5,15

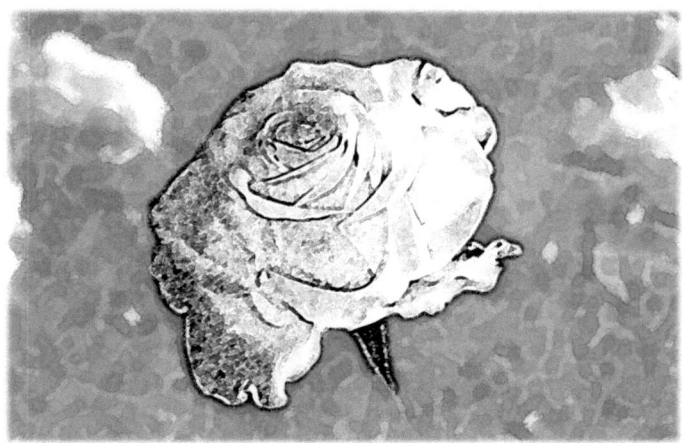

Erlösung von den Sünden

Der sich selbst für unsre Sünden dahingegeben hat, dass er uns errette von dieser gegenwärtigen, bösen Welt nach dem Willen Gottes, unseres Vaters.

Galater 1,4

Siehe, das ist Gottes Lamm, das der Welt Sünde trägt!

Johannes 1,29

Und ihr wisst, dass er erschienen ist, damit er die Sünden wegnehme, und in ihm ist keine Sünde.

1.Johannes 3,5

Meine Kinder, dies schreibe ich euch, damit ihr nicht sündigt. Und wenn jemand sündigt, so haben wir einen Fürsprecher bei dem Vater, Jesus Christus, der gerecht ist. Und er ist die Versöhnung für unsre Sünden, nicht allein aber für die unseren, sondern auch für die der ganzen Welt.

1.Johannes 2,1-2

In ihm haben wir die Erlösung durch sein Blut, die Vergebung der Sünden, nach dem Reichtum seiner Gnade.

Epheser 1,7

Das ist mein Blut des Bundes, das vergossen wird für viele zur Vergebung der Sünden.

Matthäus 26,28

So sei euch nun kundgetan, liebe Brüder, dass euch durch ihn Vergebung der Sünden verkündigt wird; und in all dem, worin ihr durch das Gesetz des Mose nicht gerecht werden konntet.

Apostelgeschichte 13,38

Der unsre Sünde selbst hinaufgetragen hat an seinem Leibe auf das Holz, damit wir, der Sünde abgestorben, der Gerechtigkeit leben. Durch seine Wunden seid ihr heil geworden.

1.Petrus 2,24

Das ist gewisslich wahr und ein Wort, des Glaubens wert, dass Christus Jesus in die Welt gekommen ist, die Sünder selig zu machen, unter denen ich der erste bin.

1.Timotheus 1,15

Aber er ist um unsrer Missetat willen verwundet und um unsrer Sünde willen zerschlagen. Die Strafe liegt auf ihm, auf dass wir Frieden hätten, und durch seine Wunden sind wir geheilt. Wir gingen alle in die Irre wie Schafe, ein jeder sah auf seinen Weg. Aber der HERR warf unser aller Sünde auf ihn.

Jesaja 53,5-6

Und sie wird einen Sohn gebären, dem sollst du den Namen Jesus geben, denn er wird sein Volk retten von ihren Sünden.

Matthäus 1,21

Denn es war da aufgerichtet die Stiftshütte: der vordere Teil, worin der Leuchter war und der Tisch und die Schaubrote, und er heißt das Heilige.

Hebräer 9,2

Essen und Kleidung

Darum sollt ihr nicht sorgen und sagen: Was werden wir essen? Was werden wir trinken? Womit werden wir uns kleiden? Nach dem allen trachten die Heiden. Denn euer himmlischer Vater weiß, dass ihr all dessen bedürft.

Matthäus 6,31-32

Ihr sollt genug zu essen haben und den Namen des HERRN, eures Gottes, preisen, der Wunder unter euch getan hat, und mein Volk soll nicht mehr zuschanden werden.

Joel 2,26

Er gibt Speise denen, die ihn fürchten; er gedenkt ewig an seinen Bund.

Psalm 111,5

Der Gerechte kann essen, bis er satt ist; der Gottlosen Bauch aber leidet Mangel.

Sprüche 13,25

Ich will ihre Speise segnen und ihren Armen Brot genug geben.

Psalm 132,15

Er schafft deinen Grenzen Frieden und sättigt dich mit dem besten Weizen.

Psalm 147,14

Ewiges Leben

Und das ist die Verheißung, die er uns verheißen hat: das ewige Leben.

1 Johannes 2:25

Ich bin die Auferstehung und das Leben. Wer an mich glaubt, der wird leben, auch wenn er stirbt; Und wer da lebt und glaubt an mich, der wird nimmermehr sterben.

Johannes 11,25-26

Wer glaubt, der hat das ewige Leben.

Johannes 6,47

Das habe ich euch geschrieben, damit ihr wisst, dass ihr das ewige Leben habt, die ihr glaubt an den Namen des Sohnes Gottes.

1.Johannes 5,13

Der Sünde Sold ist der Tod; die Gabe Gottes aber ist das ewige Leben in Christus Jesus, unserm Herrn.

Römer 6,23

Es kommt die Stunde, in der alle, die in den Gräbern sind, seine Stimme hören werden, und werden hervorgehen, die Gutes getan haben, zur Auferstehung des Lebens, die aber Böses getan haben, zur Auferstehung des Gerichts.

Johannes 5,28-29

Denn da durch einen Menschen der Tod gekommen ist, so kommt auch durch einen Menschen die Auferstehung der Toten.

1.Korinther 15,21

Und ist meine Haut noch so zerschlagen und mein Fleisch dahingeschwunden, so werde ich doch Gott sehen. Ich selbst werde ihn sehen, meine Augen werden ihn schauen und kein Fremder. Danach sehnt sich mein Herz in meiner Brust.

Hiob 19,26-27

Siehe, ich sage euch ein Geheimnis: Wir werden nicht alle entschlafen, wir werden aber alle verwandelt werden; Und das plötzlich, in einem Augenblick, zur Zeit der letzten Posaune. Denn es wird die Posaune erschallen, und die Toten werden auferstehen unverweslich, und wir werden verwandelt werden. Denn dies Verwesliche muss anziehen die Unverweslichkeit, und dies Sterbliche muss anziehen die Unsterblichkeit. Wenn aber dies Verwesliche anziehen wird die Unverweslichkeit und dies Sterbliche anziehen wird die Unsterblichkeit, dann wird erfüllt werden das Wort, das geschrieben steht: »Der Tod ist verschlungen vom Sieg.«

1.Korinther 15,51-54

Und Gott wird abwischen alle Tränen von ihren Augen, und der Tod wird nicht mehr sein, noch Leid noch Geschrei noch Schmerz wird mehr sein; denn das Erste ist vergangen.

Offenbarung 21,4

Auch das kommt her vom HERRN Zebaoth; sein Rat ist wunderbar, und er führt es herrlich hinaus.

Jesaja 29,26

Und viele, die unter der Erde schlafen liegen, werden aufwachen, die einen zum ewigen Leben, die andern zu ewiger Schmach und Schande.

Daniel 12,2

Wer auf sein Fleisch sät, der wird von dem Fleisch das Verderben ernten; wer aber auf den Geist sät, der wird von dem Geist das ewige Leben ernten.

Galater 6,8

Also hat Gott die Welt geliebt, dass er seinen Sohn gab, damit alle, die an ihn glauben, nicht verloren werden, sondern das ewige Leben haben.

Johannes 3,16

Wenn nun der Geist dessen, der Jesus von den Toten auferweckt hat, in euch wohnt, so wird er, der Christus von den Toten auferweckt hat, auch eure sterblichen Leiber lebendig machen durch seinen Geist, der in euch wohnt.

Römer 8,11

Darum sind sie vor dem Thron Gottes und dienen ihm Tag und Nacht in seinem Tempel; und der auf dem Thron sitzt, wird über ihnen wohnen. Sie werden nicht mehr hungern noch dürsten; es wird auch nicht auf ihnen lasten die Sonne oder irgendeine Hitze; denn das Lamm mitten auf dem Thron wird sie weiden und leiten zu den Quellen des lebendigen Wassers, und Gott wird abwischen alle Tränen von ihren Augen.

Offenbarung 7,15-17

Denn er selbst, der Herr, wird, wenn der Befehl ertönt, wenn die Stimme des Erzengels und die Posaune Gottes erschallen, herabkommen vom Himmel, und zuerst werden die Toten, die in Christus gestorben sind, auferstehen.

1.Thessalonicher 4,16

Es wird gesät verweslich und wird auferstehen unverweslich. Es wird gesät in Niedrigkeit und wird auferstehen in Herrlichkeit. Es wird gesät ein natürlicher Leib und wird auferstehen ein geistlicher Leib. Gibt es einen natürlichen Leib, so gibt es auch einen geistlichen Leib.

1.Korinther 15,42-44

Meine Schafe hören meine Stimme, und ich kenne sie, und sie folgen mir; Und ich gebe ihnen das ewige Leben, und sie werden nimmermehr umkommen, und niemand wird sie aus meiner Hand reißen.

Johannes 10,27-28

Jetzt aber offenbart ist durch die Erscheinung unseres Heilands Christus Jesus, der dem Tode die Macht genommen und das Leben und ein unvergängliches Wesen ans Licht gebracht hat durch das Evangelium.

2.Timotheus 1,10

Und das ist das Zeugnis, dass uns Gott das ewige Leben gegeben hat, und dieses Leben ist in seinem Sohn.

1.Johannes 5,11

Wenn unser irdisches Haus, diese Hütte, abgebrochen wird, so haben wir einen Bau, von Gott erbaut, ein Haus, nicht mit Händen gemacht, das ewig ist im Himmel.

2.Korinther 5,1

Wer mein Fleisch isst und mein Blut trinkt, der hat das
ewige Leben, und ich werde ihn am Jüngsten Tage
auferwecken.

Johannes 6,54

In meines Vaters Hause sind viele Wohnungen. Wenn's
nicht so wäre, hätte ich dann zu euch gesagt: Ich gehe hin,
euch die Stätte zu bereiten? Und wenn ich hingehe, euch
die Stätte zu bereiten, will ich wiederkommen und euch zu
mir nehmen, damit ihr seid, wo ich bin.

Johannes 14,2-3

Das ist aber der Wille dessen, der mich gesandt hat, dass
ich nichts verliere von allem, was er mir gegeben hat,
sondern dass ich's auferwecke am Jüngsten Tag. Denn das
ist der Wille meines Vaters, dass, wer den Sohn sieht und
glaubt an ihn, das ewige Leben habe; und ich werde ihn
auferwecken am Jüngsten Tag.

Johannes 6,39-40

Welche aber gewürdigt werden, jene Welt zu erlangen
und die Auferstehung von den Toten, die werden weder
heiraten noch sich heiraten lassen. Denn sie können hinfort
auch nicht sterben; denn sie sind den Engeln gleich und
Gottes Kinder, weil sie Kinder der Auferstehung sind.

Lukas 20,35-36

Denn du wirst mich nicht dem Tode überlassen und
nicht zugeben, dass dein Heiliger die Grube sehe.

Psalm 16,10

Faulheit

Wer nicht arbeiten will, der soll auch nicht essen. Denn wir hören, dass einige unter euch unordentlich leben und nichts arbeiten, sondern unnütze Dinge treiben. Solchen aber gebieten wir und ermahnen sie in dem Herrn Jesus Christus, dass sie still ihrer Arbeit nachgehen und ihr eigenes Brot essen.

2.Thessalonicher 3,10-12

Das Planen eines Emsigen bringt Überfluss; wer aber allzu rasch handelt, dem wird's mangeln.

Sprüche 21,5

Und setzt eure Ehre darein, dass ihr ein stilles Leben führt und das Eure schafft und mit euren eigenen Händen arbeitet, wie wir euch geboten haben, damit ihr ehrbar lebt vor denen, die draußen sind, und auf niemanden angewiesen seid.

1.Thessalonicher 4,11-12

Liebe den Schlaf nicht, dass du nicht arm wirst; lass deine Augen offen sein, so wirst du Brot genug haben.

Sprüche 20,13

Wer seinen Acker bebaut, wird Brot in Fülle haben; wer aber nichtigen Dingen nachgeht, ist ein Tor.

Sprüche 12,11

Seid nicht träge in dem, was ihr tun sollt. Seid brennend im Geist. Dient dem Herrn.

Römer 12,11

Lässige Hand macht arm; aber der Fleißigen Hand macht reich. Wer im Sommer sammelt, ist ein kluger Sohn; wer aber in der Ernte schläft, macht seinen Eltern Schande.

Sprüche 10,4-5

Es ist viel Speise in den Furchen der Armen; aber wo kein Recht ist, da ist Verderben.

Sprüche 13,23

Es soll der Bauer, der den Acker bebaut, die Früchte als Erster genießen.

2.Timotheus 2,6

Wer gestohlen hat, der stehle nicht mehr, sondern arbeite und schaffe mit eigenen Händen das nötige Gut, damit er dem Bedürftigen abgeben kann.

Epheser 4,28

Ich ging am Acker des Faulen entlang und am Weinberg des Toren, und siehe, lauter Nesseln waren darauf, und er stand voll Disteln, und die Mauer war eingefallen. Als ich das sah, nahm ich's zu Herzen, ich schaute und lernte daraus: Noch ein wenig schlafen und ein wenig schlummern und ein wenig die Hände zusammentun, dass du ruhst, so wird deine Armut kommen wie ein Räuber und dein Mangel wie ein gewappneter Mann.

Sprüche 24,30-34

Die fleißige Hand wird herrschen; die aber lässig ist, muss Frondienst leisten.

Sprüche 12,24

Wer seinen Acker bebaut, wird Brot genug haben; wer aber nichtigen Dingen nachgeht, wird Armut genug haben.

Sprüche 28,19

Du hast Ziegenmilch genug zu deiner Speise, zur Speise deines Hauses und zur Nahrung deiner Mägde.

Sprüche 27,27

Die Lehre des Weisen ist eine Quelle des Lebens, zu meiden die Stricke des Todes.

Sprüche 13,14

Der Weg des Faulen ist wie eine Dornenhecke; aber der Weg der Rechtschaffenen ist wohlgebahnt.

Sprüche 15,19

Auf deine Schafe hab Acht und nimm dich deiner Herden an.

Sprüche 27,23

Feinde

Wirst du es nicht tun, Gott, der du uns verstoßen hast, und ziehst nicht aus, Gott, mit unserm Heer?

Psalm 60,12

Und der HERR wird ihnen beistehen und sie erretten; er wird sie von den Gottlosen erretten und ihnen helfen; denn sie trauen auf ihn.

Psalm 37,40

Die dich aber hassen, müssen sich in Schmach kleiden, und die Hütte der Gottlosen wird nicht bestehen.

Hiob 8,22

Der HERR ist mit mir, mir zu helfen; und ich werde herabsehen auf meine Feinde.

Psalm 118,7

In der Hungersnot wird er dich vom Tod erlösen und im Kriege von des Schwertes Gewalt.

Hiob 5,20

Denn der Gottlosen Zepter wird nicht bleiben über dem Erbteil der Gerechten, damit die Gerechten ihre Hand nicht ausstrecken zur Ungerechtigkeit.

Psalm 125,3

Keiner Waffe, die gegen dich bereitet wird, soll es gelingen, und jede Zunge, die sich gegen dich erhebt, sollst du im Gericht schuldig sprechen. Das ist das Erbteil der Knechte des HERRN, und ihre Gerechtigkeit kommt von mir, spricht der HERR.

Jesaja 54,17

Denn der HERR, euer Gott, geht mit euch, dass er für euch streite mit euren Feinden, um euch zu helfen.

5.Mose 20,4

Und der HERR wird deine Feinde, die sich gegen dich erheben, vor dir schlagen. Auf »einem« Weg sollen sie ausziehen wider dich und auf »sieben« Wegen vor dir fliehen.

5.Mose 28,7

Denn er deckt mich in seiner Hütte zur bösen Zeit, er birgt mich im Schutz seines Zeltes und erhöht mich auf einen Felsen. Und nun erhebt sich mein Haupt über meine Feinde, die um mich her sind; darum will ich Lob opfern in seinem Zelt, ich will singen und Lob sagen dem HERRN.

Psalm 27,5-6

Fürchtet den HERRN, euren Gott; der wird euch erretten von allen euren Feinden.

2.Könige 17,39

Sein Herz ist getrost und fürchtet sich nicht, bis er auf seine Feinde herabsieht.

Psalm 112,8

Sollte Gott nicht auch Recht schaffen seinen Auserwählten, die zu ihm Tag und Nacht rufen, und sollte er's bei ihnen lange hinziehen?

Lukas 18,7

Wenn eines Menschen Wege dem HERRN wohlgefallen, so lässt er auch seine Feinde mit ihm Frieden machen.

Sprüche 16,7

Siehe, wenn man kämpft, dann kommt es nicht von mir; wer gegen dich streitet, wird im Kampf gegen dich fallen.

Jesaja 54,15

Die ihr den HERRN liebet, hasset das Arge! Der Herr bewahrt die Seelen seiner Heiligen; aus der Hand der Gottlosen wird er sie erretten.

Psalm 97,10

Er sprach: Fürchte dich nicht, denn derer sind mehr, die bei uns sind, als derer, die bei ihnen sind!

2.Könige 6,16

Siehe, zu Spott und zuschanden sollen werden alle, die dich hassen; sie sollen werden wie nichts und die Leute, die mit dir hadern, sollen umkommen. Wenn du nach ihnen fragst, wirst du sie nicht finden. Die mit dir hadern, sollen werden wie nichts, und die wider dich streiten, sollen ein Ende haben.

Jesaja 41,11-12

Fürchte dich nicht vor plötzlichem Schrecken noch vor dem Verderben der Gottlosen, wenn es über sie kommt; denn der HERR ist deine Zuversicht; er behütet deinen Fuß, dass er nicht gefangen werde.

Sprüche 3,25-26

Aber dich will ich erretten zur selben Zeit, spricht der HERR, und du sollst den Leuten nicht ausgeliefert werden, vor denen du dich fürchtest. Denn ich will dich entkommen lassen, dass du nicht durchs Schwert fällst, sondern du sollst dein Leben wie eine Beute davonbringen, weil du mir vertraut hast, spricht der HERR.

Jeremia 39,17-18

So können auch wir getrost sagen: »Der Herr ist mein Helfer, ich will mich nicht fürchten; was kann mir ein Mensch tun?«

Hebräer 13,6

Dass er uns errettete von unsern Feinden und aus der Hand aller, die uns hassen.

Lukas 1,71

Denn ich bin mit dir, und niemand soll sich unterstehen, dir zu schaden; denn ich habe ein großes Volk in dieser Stadt.

Apostelgeschichte 18,10

Freiheit von Sünde

Wir wissen ja, dass unser alter Mensch mit ihm gekreuzigt ist, damit der Leib der Sünde vernichtet werde, so dass wir hinfort der Sünde nicht dienen. Denn wer gestorben ist, der ist frei geworden von der Sünde.

Römer 6,6-7

Denn die Sünde wird nicht herrschen können über euch, weil ihr ja nicht unter dem Gesetz seid, sondern unter der Gnade.

Römer 6,14

Ist jemand in Christus, so ist er eine neue Kreatur; das Alte ist vergangen, siehe, Neues ist geworden.

2.Korinther 5,17

Was sollen wir nun sagen? Sollen wir denn in der Sünde beharren, damit die Gnade um so mächtiger werde? Das sei ferne! Wie sollten wir in der Sünde leben wollen, der wir doch gestorben sind?

Römer 6,1-2

Von diesem bezeugen alle Propheten, dass durch seinen Namen alle, die an ihn glauben, Vergebung der Sünden empfangen sollen.

Apostelgeschichte 10,43

So auch ihr, haltet dafür, dass ihr der Sünde gestorben seid und lebt Gott in Christus Jesus.

Römer 6,11

Freude

So werden die Erlösten des HERRN heimkehren und nach Zion kommen mit Jauchzen, und ewige Freude wird auf ihrem Haupte sein. Wonne und Freude werden sie ergreifen, aber Trauern und Seufzen wird von ihnen fliehen.

Jesaja 51,11

Gerechtigkeit und Gericht sind deines Thrones Stütze, Gnade und Treue gehen vor dir einher. Wohl dem Volk, das jauchzen kann! HERR, sie werden im Licht deines Antlitzes wandeln.

Psalm 89,15-16

Denn ihr sollt in Freuden ausziehen und im Frieden geleitet werden. Berge und Hügel sollen vor euch her frohlocken mit Jauchzen und alle Bäume auf dem Felde in die Hände klatschen.

Jesaja 55,12

Denn unser Herz freut sich seiner, und wir trauen auf seinen heiligen Namen.

Psalm 33,21

Man singt mit Freuden vom Sieg in den Hütten der Gerechten: Die Rechte des HERRN behält den Sieg!

Psalm 118,15

Die mit Tränen säen, werden mit Freuden ernten. Sie gehen hin und weinen und streuen ihren Samen und kommen mit Freuden und bringen ihre Garben.

Psalm 126,5-6

Dann wirst du deine Lust haben an dem Allmächtigen und dein Antlitz zu Gott erheben.

Hiob 22,26

Dem Gerechten muss das Licht immer wieder aufgehen und Freude den frommen Herzen. Ihr Gerechten, freut euch des HERRN und danket ihm und preiset seinen heiligen Namen!

Psalm 97,11-12

Das sage ich euch, damit meine Freude in euch bleibe und eure Freude vollkommen werde.

Johannes 15,11

Ihn habt ihr nicht gesehen und habt ihn doch lieb; und nun glaubt ihr an ihn, obwohl ihr ihn nicht seht; ihr werdet euch aber freuen mit unaussprechlicher und herrlicher Freude.

1.Petrus 1,8

Und alle Menschen werden sich fürchten und sagen: Das hat Gott getan!, und erkennen, dass es sein Werk ist.

Psalm 64,10

Und auch ihr habt nun Traurigkeit; aber ich will euch wiedersehen, und euer Herz soll sich freuen, und eure Freude soll niemand von euch nehmen.

Johannes 16,22

Viele sagen: »Wer wird uns Gutes sehen lassen?« HERR, lass leuchten über uns das Licht deines Antlitzes!

Psalm 4,7

Ich freue mich im HERRN, und meine Seele ist fröhlich in meinem Gott; denn er hat mir die Kleider des Heils angezogen und mich mit dem Mantel der Gerechtigkeit gekleidet, wie einen Bräutigam mit priesterlichem Kopfschmuck geziert und wie eine Braut, die in ihrem Geschmeide prangt.

Jesaja 61,10

So will ich dich loben mein Leben lang und meine Hände in deinem Namen aufheben.

Psalm 63,5

Wie Rauch verweht, so verwehen sie; wie Wachs zerschmilzt vor dem Feuer, so kommen die Gottlosen um vor Gott.

Psalm 68,3

Freundschaft

Friede, Friede denen in der Ferne und denen in der Nähe, spricht der HERR; ich will sie heilen.

Sprüche 15,17

Ein Freund liebt allezeit, und ein Bruder wird für die Not geboren.

Sprüche 17,17

Eine richtige Antwort ist wie ein lieblicher Kuss.

Sprüche 24,26

Vergiss den Freund nicht in deinem Herzen, und denke an ihn, wenn du reich wirst.

Sirach 37,6

Wer Verfehlung zudeckt, stiftet Freundschaft; wer aber eine Sache aufrührt, der macht Freunde uneins.

Sprüche 17,9

Wie ein Unsinniger, der mit Geschoss und Pfeilen schießt und tötet, so ist ein Mensch, der seinen Nächsten betrügt und spricht: »Ich habe nur gescherzt.«

Sprüche 26,18-19

Frieden

Und der Friede Gottes, der höher ist als alle Vernunft, bewahre eure Herzen und Sinne in Christus Jesus.

Philipper 4,7

Friede, Friede denen in der Ferne und denen in der Nähe, spricht der HERR; ich will sie heilen.

Jesaja 57,19

Und der Friede Christi, zu dem ihr auch berufen seid in »einem« Leibe, regiere in euren Herzen; und seid dankbar.

Kolosser 3,15

Er aber, der Herr des Friedens, gebe euch Frieden allezeit und auf alle Weise. Der Herr sei mit euch allen!

2.Thessalonicher 3,16

Hilf uns, Gott, unser Heiland, und lass ab von deiner Ungnade über uns!

Psalm 85,5

Und der Gerechtigkeit Frucht wird Friede sein, und der Ertrag der Gerechtigkeit wird ewige Stille und Sicherheit sein.

Jesaja 32,17

Bleibe fromm und halte dich recht; denn einem solchen wird es zuletzt gut gehen.

Psalm 37,37

Den Frieden lasse ich euch, meinen Frieden gebe ich euch. Nicht gebe ich euch, wie die Welt gibt. Euer Herz erschrecke nicht und fürchte sich nicht.

Johannes 14,27

Aber ich sage euch, die ihr zuhört: Liebt eure Feinde; tut wohl denen, die euch hassen.

Lukas 6,27

Dein Glaube hat dir geholfen; geh hin in Frieden!

Lukas 7,50

Lass dich nicht vom Bösen überwinden, sondern überwinde das Böse mit Gutem.

Römer 12,21

Darum lasst uns dem nachstreben, was zum Frieden dient und zur Erbauung untereinander.

Römer 14,19

Fruchtbarkeit

Denn wenn dies alles reichlich bei euch ist, wird's euch nicht faul und unfruchtbar sein lassen in der Erkenntnis unseres Herrn Jesus Christus.

2.Petrus 1,8

An den Früchten merkt man, wie der Baum gepflegt ist; ebenso merkt man an der Rede, was das Herz denkt.

Sirach 27,7

Der ist wie ein Baum, gepflanzt an den Wasserbächen, der seine Frucht bringt zu seiner Zeit, und seine Blätter verwelken nicht. Und was er macht, das gerät wohl.

Psalm 1,3

Sie werden kommen und auf der Höhe des Zion jauchzen und sich freuen über die Gaben des HERRN, über Getreide, Wein, Öl und junge Schafe und Rinder, dass ihre Seele sein wird wie ein wasserreicher Garten und sie nicht mehr bekümmert sein sollen.

Jeremia 31,12

Die gepflanzt sind im Hause des HERRN, werden in den Vorhöfen unsres Gottes grünen.

Psalm 92,14

So will ich ihre Abtrünnigkeit wieder heilen; gerne will ich sie lieben; denn mein Zorn soll sich von ihnen wenden.

Hosea 14,5

Ich bin der wahre Weinstock, und mein Vater der Weingärtner. Eine jede Rebe an mir, die keine Frucht bringt, wird er wegnehmen; und eine jede, die Frucht bringt, wird er reinigen, dass sie mehr Frucht bringe. Ihr seid schon rein um des Wortes willen, das ich zu euch geredet habe. Ich bin der Weinstock, ihr seid die Reben. Wer in mir bleibt und ich in ihm, der bringt viel Frucht; denn ohne mich könnt ihr nichts tun.

Johannes 15,1-5

Gastfreundschaft

Denn ich bin hungrig gewesen und ihr habt mir zu essen gegeben. Ich bin durstig gewesen und ihr habt mir zu trinken gegeben. Ich bin ein Fremder gewesen und ihr habt mich aufgenommen. Ich bin nackt gewesen und ihr habt mich gekleidet. Ich bin krank gewesen und ihr habt mich besucht. Ich bin im Gefängnis gewesen und ihr seid zu mir gekommen.

Matthäus 25,35-36

Und der König wird antworten und zu ihnen sagen: Wahrlich, ich sage euch: Was ihr getan habt einem von diesen meinen geringsten Brüdern, das habt ihr mir getan.

Matthäus 25,40

Denn wer euch einen Becher Wasser zu trinken gibt deshalb, weil ihr Christus angehört, wahrlich, ich sage euch: Es wird ihm nicht unvergolten bleiben.

Markus 9,41

Ich habe euch in allem gezeigt, dass man so arbeiten und sich der Schwachen annehmen muss im Gedenken an das Wort des Herrn Jesus, der selbst gesagt hat: Geben ist seliger als nehmen.

Apostelgeschichte 20,35

Gastfrei zu sein vergesst nicht; denn dadurch haben einige ohne ihr Wissen Engel beherbergt.

Hebräer 13,2

Nicht, dass die andern gute Tage haben sollen und ihr Not leidet, sondern dass es zu einem Ausgleich komme. Jetzt helfe euer Überfluss ihrem Mangel ab, damit danach auch ihr Überfluss eurem Mangel abhelfe uns so ein Ausgleich geschehe.

2.Korinther 8,13-14

Nehmt euch der Nöte der Heiligen an. Übt Gastfreundschaft.

Römer 12,13

Seid gastfrei untereinander ohne Murren. Und dient einander, ein jeder mit der Gabe, die er empfangen hat, als die guten Haushalter der mancherlei Gnade Gottes.

1.Petrus 4,9-10

Wenn ein Bruder oder eine Schwester Mangel hätte an Kleidung und an der täglichen Nahrung und jemand unter euch spräche zu ihnen: Geht hin in Frieden, wärmt euch und sättigt euch!, ihr gäbet ihnen aber nicht, was der Leib nötig hat - was könnte ihnen das helfen?

Jakobus 2,15-16

Wenn aber jemand dieser Welt Güter hat und sieht seinen Bruder darben und schließt sein Herz vor ihm zu, wie bleibt dann die Liebe Gottes in ihm?

1.Johannes 3,17

Gebet

Wenn ihr in mir bleibt und meine Worte in euch bleiben, werdet ihr bitten, was ihr wollt, und es wird euch widerfahren.

Johannes 15,7

Und ihr werdet mich anrufen und hingehen und mich bitten und ich will euch erhören.

Jeremia 29,12

Und alles, was ihr bittet im Gebet, wenn ihr glaubt, so werdet ihr's empfangen.

Matthäus 21,22

Du Volk Zions, das in Jerusalem wohnt, du wirst nicht weinen! Er wird dir gnädig sein, wenn du rufst. Er wird dir antworten, sobald er's hört.

Jesaja 30,19

Bittet, so wird euch gegeben; suchet, so werdet ihr finden; klopfet an, so wird euch aufgetan. Denn wer da bittet, der empfängt; und wer da sucht, der findet; und wer da anklopft, dem wird aufgetan.

Matthäus 7,7-8

Wenn du ihn bitten wirst, wird er dich hören, und du wirst deine Gelübde erfüllen.

Hiob 22,27

Und es soll geschehen: Ehe sie rufen, will ich antworten; wenn sie noch reden, will ich hören.

Jesaja 65,24

An dem Tag werdet ihr mich nichts fragen. Wahrlich, wahrlich, ich sage euch: Wenn ihr den Vater um etwas bitten werdet in meinem Namen, wird er's euch geben.

Johannes 16,23-24

Bekennt also einander eure Sünden und betet füreinander, dass ihr gesund werdet. Des Gerechten Gebet vermag viel, wenn es ernstlich ist.

Jakobus 5,16

Und das ist die Zuversicht, die wir haben zu Gott: Wenn wir um etwas bitten nach seinem Willen, so hört er uns. Und wenn wir wissen, dass er uns hört, worum wir auch bitten, so wissen wir, dass wir erhalten, was wir von ihm erbeten haben.

1.Johannes 5,14-15

Wenn du aber betest, so geh in dein Kämmerlein und schließ die Tür zu und bete zu deinem Vater, der im Verborgenen ist; und dein Vater, der in das Verborgene sieht, wird dir's vergelten.

Matthäus 6,6

Und was ihr bitten werdet in meinem Namen, das will ich tun, damit der Vater verherrlicht werde im Sohn. Was ihr mich bitten werdet in meinem Namen, das will ich tun.

Johannes 14,13-14

Wenn nun ihr, die ihr doch böse seid, dennoch euren Kindern gute Gaben geben könnt, wie viel mehr wird euer Vater im Himmel Gutes geben denen, die ihn bitten!

Matthäus 7,11

Und ich will den dritten Teil durchs Feuer gehen lassen und läutern, wie man Silber läutert, und ihn prüfen, wie man Gold prüft. Die werden dann meinen Namen anrufen und ich will sie erhören. Ich will sagen: Es ist mein Volk; und sie werden sagen: HERR, mein Gott!

Sacharja 13,9

Dann wirst du rufen und der HERR wird dir antworten. Wenn du schreist, wird er sagen: Siehe, hier bin ich. Wenn du in deiner Mitte niemand unterjochst und nicht mit Fingern zeigst und nicht übel redest.

Jesaja 58,9

Alles, was ihr bittet in eurem Gebet, glaubt nur, dass ihr's empfangt, so wird's euch zuteil werden.

Markus 11,24

Er ruft mich an, darum will ich ihn erhören; ich bin bei ihm in der Not, ich will ihn herausreißen und zu Ehren bringen.

Psalm 91,15

Ich aber will zu Gott rufen und der HERR wird mir helfen.

Psalm 55,17

Gott, man lobt dich in der Stille zu Zion, und dir hält man Gelübde.

Psalm 65,2

Darum sollt ihr ihnen nicht gleichen. Denn euer Vater weiß, was ihr bedürft, bevor ihr ihn bittet.

Matthäus 6,8

Und rufe mich an in der Not, so will ich dich erretten und du sollst mich preisen.

Psalm 50,15

Das Angesicht des HERRN steht wider alle, die Böses tun, dass er ihren Namen ausrotte von der Erde.

Psalm 34,17

Der HERR ist nahe allen, die ihn anrufen, allen, die ihn ernstlich anrufen. Er tut, was die Gottesfürchtigen begehren, und hört ihr Schreien und hilft ihnen.

Psalm 145,18-19

Und was wir bitten, werden wir von ihm empfangen; denn wir halten seine Gebote und tun, was vor ihm wohlgefällig ist.

1.Johannes 3,22

Rufe mich an, so will ich dir antworten und will dir kundtun große und unfassbare Dinge, von denen du nichts weißt.

Jeremia 33,3

Der HERR ist ferne von den Gottlosen; aber der Gerechten Gebet erhört er.

Sprüche 15,29

Geborgenheit

Denn der HERR verstößt nicht ewig; sondern er betrübt wohl und erbarmt sich wieder nach seiner großen Güte. Denn nicht von Herzen plagt und betrübt er die Menschen.

Klagelieder 3,31-33

Gott ist unsre Zuversicht und Stärke, eine Hilfe in den großen Nöten, die uns getroffen haben. Darum fürchten wir uns nicht, wenngleich die Welt unterginge und die Berge mitten ins Meer sänken.

Psalm 46,1-3

Harre des Herrn! Sei getrost und unverzagt und harre des Herrn!

Psalm 27,14

In der Welt habt ihr Angst; aber seid getrost, ich habe die Welt überwunden.

Johannes 16,33

Fällt er, so stürzt er doch nicht; denn der Herr hält ihn fest an der Hand.

Psalm 37,24

Kommt her zu mir, alle, die ihr mühselig und beladen seid; ich will euch erquicken.

Matthäus 11,28

Der HERR ist gütig und eine Feste zur Zeit der Not und kennt die, die auf ihn trauen.

Nahum 1,7

Wenn ich mitten in der Angst wandle, so erquickest du mich und reckst deine Hand gegen den Zorn meiner Feinde und hilfst mir mit deiner Rechten.

Psalm 138,7

Denn wie die Leiden Christi reichlich über uns kommen, so werden wir auch reichlich getröstet durch Christus.

2.Korinther 1,5

Der Herr aber bleibt ewiglich; er hat seinen Thron bereitet zum Gericht, er wird den Erdkreis richten mit Gerechtigkeit und die Völker regieren, wie es recht ist.

Psalm 9,8-9

Rühmet den Herrn, der ihr ihn fürchtet; ehret ihn, ihr alle vom Hause Jakob, und vor ihm scheuet euch, ihr alle vom Hause Israel!

Psalm 22,24

Und er sprach: Herzlich lieb habe ich dich, Herr, meine Stärke!

Psalm 18,2

Geduld

So seid nun geduldig, liebe Brüder, bis zum Kommen des Herrn. Siehe, der Bauer wartet auf die kostbare Frucht der Erde und ist dabei geduldig, bis sie empfange den Frühregen und Spätregen. Seid auch ihr geduldig und stärkt eure Herzen; denn das Kommen des Herrn ist nahe.

Jakobus 5,7-8

Denn was ist das für ein Ruhm, wenn ihr um schlechter Taten willen geschlagen werdet und es geduldig ertragt? Aber wenn ihr um guter Taten willen leidet und es ertragt, das ist Gnade bei Gott.

1.Petrus 2,20

Nicht allein das, sondern wir rühmen uns auch der Bedrängnisse, weil wir wissen, dass Bedrängnis Geduld bringt, Geduld aber Bewährung, Bewährung aber Hoffnung.

Römer 5,3-4

Damit ihr nicht träge werdet, sondern Nachfolger derer, die durch Glauben und Geduld die Verheißungen ererben.

Hebräer 6,12

Meine lieben Brüder, erachtet es für lauter Freude, wenn ihr in mancherlei Anfechtung fallt, und wisst, dass euer Glaube, wenn er bewährt ist, Geduld wirkt. Die Geduld aber soll ihr Werk tun bis ans Ende, damit ihr vollkommen und unversehrt seid und kein Mangel an euch sei.

Jakobus 1,2-4

Geduld aber habt ihr nötig, damit ihr den Willen Gottes tut und das Verheißene empfangt.

Hebräer 10,36

Wer aber beharrt bis ans Ende, der wird selig werden.

Matthäus 24,13

Laßt uns festhalten an dem Bekenntnis der Hoffnung und nicht wanken; denn er ist treu, der sie verheißen hat.

Hebräer 10,23

Laßt uns aber Gutes tun und nicht müde werden; denn zu seiner Zeit werden wir auch ernten, wenn wir nicht nachlassen.

Galater 6,9

Gehorsamkeit

Wir aber wissen, dass denen, die Gott lieben, alle Dinge zum Besten dienen, denen, die nach seinem Ratschluss berufen sind.

Römer 8,28

Siehe, ich habe dir heute vorgelegt das Leben und das Gute, den Tod und das Böse. Wenn du gehorchst den Geboten des HERRN, deines Gottes, die ich dir heute gebiete, dass du den HERRN, deinen Gott, liebst und wandelst in seinen Wegen und seine Gebote, Gesetze und Rechte hältst, so wirst du leben und dich mehren, und der HERR, dein Gott, wird dich segnen in dem Lande, in das du ziehst, es einzunehmen.

5.Mose 30,15-16

Was ihr gelernt und empfangen und gehört und gesehen habt an mir, das tut; so wird der Gott des Friedens mit euch sein.

Philipper 4,9

Gehorchen sie und dienen ihm, so werden sie bei guten Tagen alt werden und glücklich leben.

Hiob 36,11

Wenn ihr dies wisst – selig seid ihr, wenn ihr's tut.

Johannes 13,17

Und wenn ihr diese Rechte hört und sie haltet und danach tut, so wird der HERR, dein Gott, auch halten den Bund und die Barmherzigkeit, wie er deinen Vätern geschworen hat.

5.Mose 7,12

Ihr steht heute alle vor dem HERRN, eurem Gott, die Häupter eurer Stämme, eure Ältesten, eure Amtleute, jeder Mann in Israel.

5.Mose 29,9

Ach dass sie ein solches Herz hätten, mich zu fürchten und zu halten alle meine Gebote ihr Leben lang, auf dass es ihnen und ihren Kindern wohlginge ewiglich!

5.Mose 5,29

Wer nun eines von diesen kleinsten Geboten auflöst und lehrt die Leute so, der wird der Kleinste heißen im Himmelreich; wer es aber tut und lehrt, der wird groß heißen im Himmelreich.

Matthäus 5,19

Israel, du sollst es hören und festhalten, dass du es tust, auf dass dir's wohlgehe und du groß an Zahl werdest, wie der HERR, der Gott deiner Väter, dir zugesagt hat, in dem Lande, darin Milch und Honig fließt.

5.Mose 6,3

Darum, wer diese meine Rede hört und tut sie, der gleicht einem klugen Mann, der sein Haus auf Fels baute. Als nun ein Platzregen fiel und die Wasser kamen und die Winde wehten und stießen an das Haus, fiel es doch nicht ein; denn es war auf Fels gegründet.

Matthäus 7,24-25

Dass du tust, was recht und gut ist vor den Augen des HERRN, auf dass dir's wohlgehe und du hineinkommest und einnehmest das gute Land, von dem der HERR deinen Vätern geschworen hat.

5.Mose 6,18

Wohl denen, die das Gebot halten und tun immerdar recht!

Psalm 106,3

Wenn ihr meine Gebote haltet, so bleibt ihr in meiner Liebe, wie ich meines Vaters Gebote halte und bleibe in seiner Liebe.

Johannes 15,10

Und was wir bitten, werden wir von ihm empfangen; denn wir halten seine Gebote und tun, was vor ihm wohlgefällig ist.

1.Johannes 3,22

Wer mein Wort hält, der wird den Tod nicht sehen in Ewigkeit.

Johannes 8,51

Denn vor Gott sind nicht gerecht, die das Gesetz hören, sondern die das Gesetz tun, werden gerecht sein.

Römer 2,13

Wer mein Wort hört und glaubt dem, der mich gesandt hat, der hat das ewige Leben und kommt nicht in das Gericht, sondern er ist vom Tode zum Leben hindurchgedrungen.

Johannes 5,24

Es werden nicht alle, die zu mir sagen: Herr, Herr!, in das Himmelreich kommen, sondern die den Willen tun meines Vaters im Himmel.

Matthäus 7,21

Denn wer den Willen tut meines Vaters im Himmel, der ist mir Bruder und Schwester und Mutter.

Matthäus 12,50

Und die Welt vergeht mit ihrer Lust; wer aber den Willen Gottes tut, der bleibt in Ewigkeit.

1.Johannes 2,17

Und als er vollendet war, ist er für alle, die ihm gehorsam sind, der Urheber des ewigen Heils geworden.

Hebräer 5,9

Wer aber durchschaut in das vollkommene Gesetz der Freiheit und dabei beharrt und ist nicht ein vergesslicher Hörer, sondern ein Täter, der wird selig sein in seiner Tat.

Jakobus 1,25

Geld

Reichtum hilft nicht am Tage des Zorns; aber Gerechtigkeit errettet vom Tode.

Sprüche 11,4

Bemühe dich nicht, reich zu werden; da spare deine Klugheit! Du richtest deine Augen auf Reichtum und er ist nicht mehr da; denn er macht sich Flügel wie ein Adler und fliegt gen Himmel.

Sprüche 23,4-5

Hört zu, meine lieben Brüder! Hat nicht Gott erwählt die Armen in der Welt, die im Glauben reich sind und Erben des Reichs, das er verheißen hat denen, die ihn lieb haben?

Jakobus 2,5

Wer dem Armen Unrecht tut, mehrt ihm seine Habe; wer einem Reichen gibt, schafft ihm nur Mangel.

Sprüche 22,16

Wer habgierig ist, jagt nach Reichtum und weiß nicht, dass Mangel über ihn kommen wird.

Sprüche 28,22

Beraube den Armen nicht, weil er arm ist, und unterdrücke den Geringen nicht im Gericht.

Sprüche 22,22

Die Gottlosen sollen zu den Toten fahren, alle Heiden, die Gott vergessen!

Psalm 9,18

Den Reichen in dieser Welt gebiete, dass sie nicht stolz seien, auch nicht hoffen auf den unsicheren Reichtum, sondern auf Gott, der uns alles reichlich darbietet, es zu genießen; dass sie Gutes tun, reich werden an guten Werken, gerne geben, behilflich seien, sich selbst einen Schatz sammeln als guten Grund für die Zukunft, damit sie das wahre Leben ergreifen.

1.Timotheus 6,17-19

Sondern gedenke an den HERRN, deinen Gott; denn er ist's, der dir Kräfte gibt, Reichtum zu gewinnen, auf dass er hielte seinen Bund, den er deinen Vätern geschworen hat, so wie es heute ist.

5.Mose 8,18

Wer sich auf seinen Reichtum verlässt, der wird untergehen; aber die Gerechten werden grünen wie das Laub.

Sprüche 11,28

Das Wenige, das ein Gerechter hat, ist besser als der Überfluss vieler Gottloser.

Psalm 37,16

Ein treuer Mann wird von vielen gesegnet; wer aber eilt, reich zu werden, wird nicht ohne Schuld bleiben.

Sprüche 28,20

Besser ein Armer, der in seiner Unsträflichkeit wandelt, als ein Reicher, der auf verkehrten Wegen geht.

Sprüche 28,6

Wer den Armen verspottet, verhöhnt dessen Schöpfer; und wer sich über eines andern Unglück freut, wird nicht ungestraft bleiben.

Sprüche 17,5

Er hilft dem Armen vom Schwert und den Elenden von der Hand des Mächtigen. Dem Armen wird Hoffnung zuteil, und die Bosheit muss ihren Mund zuhalten.

Hiob 5,15-16

Mancher stellt sich reich und hat nichts, und mancher stellt sich arm und hat großes Gut.

Sprüche 13,7

Reiche und Arme begegnen einander; der HERR hat sie alle gemacht.

Sprüche 22,2

Aber den Elenden wird er durch sein Elend erretten und ihm das Ohr öffnen durch Trübsal.

Hiob 36,15

Besser wenig mit der Furcht des HERRN als ein großer Schatz, bei dem Unruhe ist.

Sprüche 15,16

Glaube

Von diesem bezeugen alle Propheten, dass durch seinen Namen alle, die an ihn glauben, Vergebung der Sünden empfangen sollen.

Apostelgeschichte 10,43

Denn also hat Gott die Welt geliebt, dass er seinen eingeborenen Sohn gab, damit alle, die an ihn glauben, nicht verloren werden, sondern das ewige Leben haben.

Johannes 3,16

Siehe, ich lege in Zion einen Stein des Anstoßes und einen Fels des Ärgernisses; und wer an ihn glaubt, der soll nicht zuschanden werden.

Römer 9,33

Wie viele ihn aber aufnahmen, denen gab er Macht, Gottes Kinder zu werden, denen, die an seinen Namen glauben.

Johannes 1,12

Wer an den Sohn glaubt, der hat das ewige Leben.

Johannes 3,36

Es ist aber der Glaube eine feste Zuversicht auf das, was man hofft, und ein Nichtzweifeln an dem, was man nicht sieht.

Hebräer 11,1

Ich bin in die Welt gekommen als ein Licht, damit, wer an mich glaubt, nicht in der Finsternis bleibe.

Johannes 12,46

Sie werden alle von Gott gelehrt sein. Wer es vom Vater hört und lernt, der kommt zu mir.

Johannes 6,45

Du aber bleibe bei dem, was du gelernt hast und was dir anvertraut ist; du weißt ja, von wem du gelernt hast und dass du von Kind auf die Heilige Schrift kennst, die dich unterweisen kann zur Seligkeit durch den Glauben an Christus Jesus.

2.Timotheus 3,14-15

Jesus aber sprach zu ihm: Du sagst: wenn du kannst – alle Dinge sind möglich dem, der da glaubt.

Markus 9,23

Wer glaubt, der hat das ewige Leben.

Johannes 6,47

Aber ohne Glauben ist's unmöglich, Gott zu gefallen; denn wer zu Gott kommen will, der muss glauben, dass er ist und dass er denen, die ihn suchen, ihren Lohn gibt.

Hebräer 11,6

Die Frucht aber des Geistes ist Liebe, Freude, Friede, Geduld, Freundlichkeit, Güte, Treue, Sanftmut, Keuschheit; gegen all dies ist das Gesetz nicht.

Galater 5,22-23

Wachet, steht im Glauben, seid mutig und seid stark!
1.Korinther 16,13

Wenn es aber jemandem unter euch an Weisheit mangelt, so bitte er Gott, der jedermann gern gibt und niemanden schilt; so wird sie ihm gegeben werden. Er bitte aber im Glauben und zweifle nicht; denn wer zweifelt, der gleicht einer Meereswoge, die vom Winde getrieben und bewegt wird.

Jakobus 1,5-6

Wer an ihn glaubt, der wird nicht gerichtet; wer aber nicht glaubt, der ist schon gerichtet, denn er glaubt nicht an den Namen des eingeborenen Sohnes Gottes.

Johannes 3,18

Selig sind, die nicht sehen und doch glauben!

Johannes 20,29

Wie ihr nun den Herrn Christus Jesus angenommen habt, so lebt auch in ihm und seid in ihm verwurzelt und gegründet und fest im Glauben, wie ihr gelehrt worden seid, und seid reichlich dankbar.

Kolosser 2,6-7

Wir wandeln im Glauben und nicht im Schauen.

2.Korinther 5,7

Darum auch wir: Weil wir eine solche Wolke von Zeugen um uns haben, lasst uns ablegen alles, was uns beschwert, und die Sünde, die uns ständig umstrickt, und lasst uns laufen mit Geduld in dem Kampf, der uns bestimmt ist, und aufsehen zu Jesus, dem Anfänger und Vollender des Glaubens, der, obwohl er hätte Freude haben können, das Kreuz erduldete und die Schande gering achtete und sich gesetzt hat zur Rechten des Thrones Gottes.

Hebräer 12,1-2

Denn ihr seid alle durch den Glauben Gottes Kinder in Christus Jesus.

Galater 3,26

Ich lebe, doch nun nicht ich, sondern Christus lebt in mir. Denn was ich jetzt lebe im Fleisch, das lebe ich im Glauben an den Sohn Gottes, der mich geliebt hat und sich selbst für mich dahingegeben.

Galater 2,20

Dass Christus durch den Glauben in euren Herzen wohne und ihr in der Liebe eingewurzelt und gegründet seid. So könnt ihr mit allen Heiligen begreifen, welches die Breite und die Länge und die Höhe und die Tiefe ist, auch die Liebe Christi erkennen, die alle Erkenntnis übertrifft, damit ihr erfüllt werdet mit der ganzen Gottesfülle.

Epheser 3,17-19

Glaube an Gott

Denn der HERR, dein Gott, ist ein barmherziger Gott; er wird dich nicht verlassen noch verderben, wird auch den Bund nicht vergessen, den er deinen Vätern geschworen hat.

5.Mose 4,31

Dein Wort ist nichts als Wahrheit, alle Ordnungen deiner Gerechtigkeit währen ewiglich.

Psalm 119,160

Er gedenkt ewiglich an seinen Bund, an das Wort, das er verheißen hat für tausend Geschlechter.

Psalm 105,8

Lasst uns festhalten an dem Bekenntnis der Hoffnung und nicht wanken; denn er ist treu, der sie verheißen hat.

Hebräer 10,23

So sollst du nun wissen, dass der HERR, dein Gott, allein Gott ist, der treue Gott, der den Bund und die Barmherzigkeit bis ins tausendste Glied hält denen, die ihn lieben und seine Gebote halten.

5.Mose 7,9

Der HERR ist des Armen Schutz, ein Schutz in Zeiten der Not.

Psalm 9,10

Der Herr verzögert nicht die Verheißung, wie es einige für eine Verzögerung halten; sondern er hat Geduld mit euch und will nicht, dass jemand verloren werde, sondern dass jedermann zur Buße finde.

2.Petrus 3,9

Habt Glauben an Gott! Wahrlich ich sage euch: Wer zu diesem Berge spräche: Heb dich und wirf dich ins Meer! Und zweifelte nicht in seinem Herzen, sondern glaubte, dass geschehen werde, was er sagt, so wird's ihm geschehen.

Markus 11,22-23

Sind wir untreu, so bleibt er doch treu; denn er kann sich selbst nicht verleugnen.

2.Timotheus 2,13

Aber meine Gnade will ich nicht von ihm wenden und meine Treue nicht brechen.

Psalm 89,34

Denn es sollen wohl Berge weichen und Hügel hinfallen, aber meine Gnade soll nicht von dir weichen, und der Bund meines Friedens soll nicht hinfallen, spricht der HERR, dein Erbarmer.

Jesaja 54,10

Auch lügt der nicht, der Israels Ruhm ist, und es gereut ihn nicht; denn er ist nicht ein Mensch, dass ihn etwas gereuen könnte.

1.Samuel 15,29

Auf alle Gottesverheißungen ist in ihm das Ja; darum sprechen wir auch durch ihn das Amen, Gott zum Lobe.

2.Korinther 1,20

HERR, dein Wort bleibt ewiglich, so weit der Himmel reicht; deine Wahrheit währet für und für. Du hast die Erde fest gegründet und sie bleibt stehen.

Psalm 119,89-90

HERR, du bist mein Gott, dich preise ich; ich lobe deinen Namen. Denn du hast Wunder getan; deine Ratschlüsse von alters her sind treu und wahrhaftig.

Jesaja 25,1

Gelobet sei der HERR, der seinem Volk Israel Ruhe gegeben hat, wie er es zugesagt hat. Es ist nicht eins dahingefallen von allen seinen guten Worten, die er geredet hat durch seinen Knecht Mose.

1.Könige 8,56

Ich rufe einen Adler vom Osten her, aus fernem Lande den Mann, der meinen Ratschluss ausführe. Wie ich's gesagt habe, so lasse ich's kommen; was ich geplant habe, das tue ich auch.

Jesaja 46,11

Gnade

Um meines Namens willen halte ich lange meinen Zorn zurück, und um meines Ruhmes willen bezähme ich mich dir zugut, damit du nicht ausgerottet wirst.

Jesaja 48,9

Und er sprach: Ich will vor deinem Angesicht all meine Güte vorübergehen lassen und will vor dir kundtun den Namen des HERRN: Wem ich gnädig bin, dem bin ich gnädig, und wessen ich mich erbarme, dessen erbarme ich mich.

Exodus 33,19

Und zeigte dir die Tiefen der Weisheit - denn sie ist zu wunderbar für jede Erkenntnis - damit du weißt, dass er noch nicht an alle deine Sünden denkt.

Hiob 11,6

Die Gnade aber des HERRN währt von Ewigkeit zu Ewigkeit über denen, die ihn fürchten, und seine Gerechtigkeit auf Kindeskind.

Psalm 103,17

Wie sich ein Vater über Kinder erbarmt, so erbarmt sich der HERR über die, die ihn fürchten.

Psalm 103,13

Zur selben Zeit will ich erhören, spricht der HERR, ich will den Himmel erhören, und der Himmel soll die Erde erhören, und die Erde soll Korn, Wein und Öl erhören, und diese sollen Jesreel erhören.

Hosea 2,23-24

Darum harrt der HERR darauf, dass er euch gnädig sei, und er macht sich auf, dass er sich euer erbarme; denn der HERR ist ein Gott des Rechts. Wohl allen, die auf ihn harren!

Jesaja 30,18

Heiliger Geist

Das Reich Gottes ist nicht Essen und Trinken, sondern Gerechtigkeit und Friede und Freude in dem heiligen Geist.

Römer 14,17

Wer an mich glaubt, wie die Schrift sagt, von dessen Leib werden Ströme lebendigen Wassers fließen. Das sagte er aber von dem Geist, den die empfangen sollten, die an ihn glaubten; denn der Geist war noch nicht da; denn Jesus war noch nicht verherrlicht.

Johannes 7,38-39

Und ich will den Vater bitten, und er wird euch einen andern Tröster geben, dass er bei euch sei in Ewigkeit. Den Geist der Wahrheit, den die Welt nicht empfangen kann, denn sie sieht ihn nicht und kennt ihn nicht. Ihr kennt ihn, denn er bleibt bei euch und wird in euch sein.

Johannes 14,16-17

Denn ihr habt nicht einen knechtischen Geist empfangen, dass ihr euch abermals fürchten müsstet; sondern ihr habt einen kindlichen Geist empfangen, durch den wir rufen: Abba, lieber Vater!

Römer 8,15

Und die Salbung, die ihr von ihm empfangen habt, bleibt in euch, und ihr habt nicht nötig, dass euch jemand lehrt; sondern wie euch seine Salbung alles lehrt, so ist's wahr und ist keine Lüge, und wie sie euch gelehrt hat, so bleibt in ihm.

1.Johannes 2,27

Und dies ist mein Bund mit ihnen, spricht der HERR: Mein Geist, der auf dir ruht, und meine Worte, die ich in deinen Mund gelegt habe, sollen von deinem Mund nicht weichen noch von dem Mund deiner Kinder und Kindeskinder, spricht der HERR, von nun an bis in Ewigkeit.

Jesaja 59,21

Kehrt euch zu meiner Zurechtweisung! Siehe, ich will über euch strömen lassen meinen Geist und euch meine Worte kundtun.

Sprüche 1,23

Wenn nun ihr, die ihr böse seid, euren Kindern gute Gaben geben könnt, wie viel mehr wird der Vater im Himmel den Heiligen Geist geben denen, die ihn bitten!

Lukas 11,13

Wer aber von dem Wasser trinken wird, das ich ihm gebe, den wird in Ewigkeit nicht dürsten, sondern das Wasser, das ich ihm geben werde, das wird in ihm eine Quelle des Wassers werden, das in das ewige Leben quillt, damit der Segen Abrahams unter die Heiden komme in Christus Jesus und wir den verheißenen Geist empfingen durch den Glauben.

Galater 3,14

Desgleichen hilft auch der Geist unserer Schwachheit auf. Denn wir wissen nicht, was wir beten sollen, wie sich's gebührt; sondern der Geist selbst vertritt uns mit unaussprechlichem Seufzen. Der aber die Herzen erforscht, der weiß; worauf der Sinn des Geistes gerichtet ist; denn er vertritt die Heiligen, wie es Gott gefällt.

Römer 8,26-27

Wenn aber jener, der Geist der Wahrheit, kommen wird, wird er euch in alle Wahrheit leiten. Denn er wird nicht aus sich selber reden; sondern was er hören wird, das wird er reden, und was zukünftig ist, wird er euch verkündigen.

Johannes 16,13

Wir aber haben nicht empfangen den Geist der Welt, sondern den Geist aus Gott, dass wir wissen können, was uns von Gott geschenkt ist.

1.Korinther 2,12

Hilfe in Not

Aber der HERR hilft den Gerechten, er ist ihre Stärke in der Not.

Psalm 37,39

Der HERR ist gütig und eine Feste zur Zeit der Not und kennt die, die auf ihn trauen.

Nahum 1,7

Herzlich lieb habe ich dich, HERR, meine Stärke!

Psalm 18,2

Denn du hilfst dem elenden Volk, aber stolze Augen erniedrigst du.

Psalm 18,28

Du bist mein Schirm, du wirst mich vor Angst behüten, dass ich errettet gar fröhlich rühmen kann.

Psalm 32,7

Du lässest mich erfahren viele und große Angst und machst mich wieder lebendig und holst mich wieder herauf aus den Tiefen der Erde.

Psalm 71,20

Der HERR macht die Blinden sehend. Der HERR richtet auf, die niedergeschlagen sind. Der HERR liebt die Gerechten.

Psalm 146,8

Es ist wie Mord in meinen Gebeinen, wenn mich meine Feinde schmähen und täglich zu mir sagen: Wo ist nun dein Gott?

Psalm 42,11

Wenn mir gleich Leib und Seele verschmachtet, so bist du doch, Gott, allezeit meines Herzens Trost und mein Teil.

Psalm 73,26

In der Welt habt ihr Angst; aber seid getrost, ich habe die Welt überwunden.

Johannes 16,33

Denn der HERR verstößt nicht ewig; sondern er betrübt wohl und erbarmt sich wieder nach seiner großen Güte. Denn nicht von Herzen plagt und betrübt er die Menschen.

Klagelieder 3,31-33

Die mit Tränen säen, werden mit Freuden ernten. Sie gehen hin und weinen und streuen ihren Samen und kommen mit Freuden und bringen ihre Garben.

Psalm 126,5-6

Fällt er, so stürzt er doch nicht; denn der HERR hält ihn fest an der Hand.

Psalm 37,24

Der HERR ist nahe denen, die zerbrochenen Herzens sind, und hilft denen, die ein zerschlagenes Gemüt haben.

Psalm 34,19

Ich sprach wohl in meinem Zagen: Ich bin von deinen Augen verstoßen. Doch du hörtest die Stimme meines Flehens, als ich zu dir schrie.

Psalm 31,23

Er wird den Erdkreis richten mit Gerechtigkeit und die Völker regieren, wie es recht ist.

Psalm 9,9

Aber der Herr hilft den Gerechten, er ist ihre Stärke in der Not.

Psalm 37,39

Die Könige der Heerscharen fliehen, sie fliehen, und die Frauen teilen die Beute aus.

Psalm 68,13

Es wird dir kein Übel begegnen, und keine Plage wird sich deinem Hause nahen. Denn er hat seinen Engeln befohlen, dass sie dich behüten auf allen deinen Wegen.

Psalm 91,10-11

Siehe, Gott verwirft die Frommen nicht und hält die Hand der Boshaften nicht fest, bis er deinen Mund voll Lachens mache und deine Lippen voll Jauchzens.

Hiob 8,20-21

Wenn ich mitten in der Angst wandle, so erquickest du mich und reckst deine Hand gegen den Zorn meiner Feinde und hilfst mir mit deiner Rechten.

Psalm 138,7

Rühmet den HERRN, die ihr ihn fürchtet; ehret ihn, ihr alle vom Hause Jakob, und vor ihm scheuet euch, ihr alle vom Hause Israel!

Psalm 22,24

In sechs Trübsalen wird er dich erretten, und in sieben wird dich kein Übel anrühren.

Hiob 5,19

Hoffnung

Denen Gott kundtun wollte, was der herrliche Reichtum dieses Geheimnisses unter den Heiden ist, nämlich Christus in euch, die Hoffnung der Herrlichkeit.

Kolosser 1,27

Liebet den Herrn, alle seine Heiligen! Die Gläubigen behütet der Herr und vergilt reichlich dem, der Hochmut übt.

Psalm 31,24

Denn du bist meine Zuversicht, Herr, mein Gott, meine Hoffnung von meiner Jugend an.

Psalm 71,5

Die ihr durch ihn glaubt an Gott, der ihn auferweckt hat von den Toten und ihm die Herrlichkeit gegeben, damit ihr Glauben und Hoffnung zu Gott habt.

1.Petrus 1,21

Und ein jeder, der solche Hoffnung auf ihn hat, der reinigt sich, wie auch jener rein ist.

1.Johannes 3,3

Gelobt sei Gott, der Vater unseres Herrn Jesus Christus, der uns nach seiner großen Barmherzigkeit wiedergeboren hat zu einer lebendigen Hoffnung durch die Auferstehung Jesu Christi von den Toten.

1.Petrus 1,3

Darum umgürtet die Lenden eures Gemüts, seid nüchtern und setzt eure Hoffnung ganz auf die Gnade, die euch angeboten wird in der Offenbarung Jesu Christi.

1.Petrus 1,13

Der Gottlose besteht nicht in seinem Unglück; aber der Gerechte ist auch in seinem Tode getrost.

Sprüche 14,32

Da wir gehört haben von eurem Glauben an Christus Jesus und von der Liebe, die ihr zu allen Heiligen habt, um der Hoffnung willen, die für euch bereit ist im Himmel. Von ihr habt ihr schon zuvor gehört durch das Wort der Wahrheit, das Evangelium.

Kolosser 1,4-5

Was betrübst Du dich, meine Seele, und bist so unruhig in mir? Harre auf Gott; denn ich werde ihm noch danken, dass er meines Angesichts Hilfe und mein Gott ist.

Psalm 42,12

Kinder

Lasst die Kinder zu mir kommen und wehret ihnen nicht; denn solchen gehört das Reich Gottes. Wahrlich, ich sage euch: Wer das Reich Gottes nicht empfängt wie ein Kind, der wird nicht hineinkommen. Und er herzte sie und legte die Hände auf sie und segnete sie.

Markus 10,14-16

Denn euch und euren Kindern gilt diese Verheißung und allen, die fern sind, so viele der Herr, unser Gott, herzurufen wird.

Apostelgeschichte 2,39

Und alle deine Söhne sind Jünger des HERRN, und großen Frieden haben deine Söhne.

Jesaja 54,13

Der Alten Krone sind Kindeskinder, und der Kinder Ehre sind ihre Väter.

Sprüche 17,6

Denn ich will Wasser gießen auf das Durstige und Ströme auf das Dürre: ich will meinen Geist auf deine Kinder gießen und meinen Segen auf deine Nachkommen.

Jesaja 44,3

Dein Weib wird sein wie ein fruchtbarer Weinstock drinnen in deinem Hause, deine Kinder wie junge Ölbäume um deinen Tisch her.

Psalm 128,3

Aber die Armen schützte er vor Elend und mehrte ihr Geschlecht wir eine Herde.

Psalm 107,41

Ihre kleinen Kinder lassen sie hinaus wie eine Herde, und ihre Knaben springen umher.

Hiob 21,11

Sie sprachen: Glaube an den Herrn Jesus, so wirst du und dein Haus selig!

Apostelgeschichte 16,31

Siehe, Kinder sind eine Gabe des Herrn, und Leibesfrucht ist ein Geschenk. Wie Pfeile in der Hand eines Starken, so sind die Söhne der Jugendzeit. Wohl dem, der seinen Köcher mit ihnen gefüllt hat! Sie werden nicht zuschanden, wenn sie mit ihren Feinden verhandeln im Tor.

Psalm 127,3-5

Kindespflichten

Ihr Kinder, seid gehorsam euren Eltern in dem Herrn; denn das ist recht. »Ehre Vater und Mutter«, das ist das erste Gebot, das eine Verheißung hat: »auf dass dir's wohlgehe und du lange lebest auf Erden«.

Epheser 6,1-3

Der Tor verschmäht die Zucht seines Vaters; wer aber Zurechtweisung annimmt, ist klug.

Sprüche 15,5

So hört nun auf mich, meine Söhne! Wohl denen, die meine Wege einhalten! Höret die Mahnung und werdet weise und schlagt sie nicht in den Wind!

Sprüche 8,32-33

Ihr Kinder, seid gehorsam den Eltern in allen Dingen; denn das ist wohlgefällig in dem Herrn.

Kolosser 3,20

Der Vater des Gerechten freut sich, und wer einen Weisen gezeugt hat, ist fröhlich über ihn. Lass deinen Vater und deine Mutter sich freuen, und fröhlich sein, die dich geboren hat. Gib mir, mein Sohn, dein Herz und lass deinen Augen meine Wege wohlgefallen.

Sprüche 23,24-26

Verflucht sei, wer seinen Vater oder seine Mutter
verunehrt! Und alles Volk soll sagen: Amen.

5.Mose 27,16

Mein Sohn, bewahre das Gebot deines Vaters und lass
nicht fahren die Weisung deiner Mutter.

Sprüche 6,20

Du sollst deinen Vater und deine Mutter ehren, wie dir
der HERR, dein Gott, geboten hat, auf dass du lange lebest
und dir's wohlgehe in dem Lande, das dir der HERR, dein
Gott, geben wird.

5.Mose 5,16

Ein weiser Sohn liebt Zucht; aber ein Spötter hört selbst
auf Drohen nicht.

Sprüche 13,1

Du kennst die Gebote: »Du sollst nicht ehebrechen; du
sollst nicht töten; du sollst nicht stehlen; du sollst nicht falsch
Zeugnis reden; du sollst deinen Vater und deine Mutter
ehren!«

Lukas 18,20

Mein Sohn, wenn dein Herz weise ist, so freut sich auch
mein Herz, und meine Seele ist froh, wenn deine Lippen
reden, was recht ist.

Sprüche 23,15-16

Mein Sohn, wenn dich die bösen Buben locken, so folge
nicht.

Sprüche 1,10

Wer die Lehre bewahrt, ist ein verständiger Sohn; wer aber der Schlemmer Geselle ist, macht seinem Vater Schande.

Sprüche 28,7

Ein jeder fürchte seine Mutter und seinen Vater. Haltet meine Feiertage; ich bin der HERR, euer Gott.

3.Mose 19,3

Gehorche deinem Vater, der dich gezeugt hat, und verachte deine Mutter nicht, wenn sie alt wird.

Sprüche 23,22

Schon einen Knaben erkennt man an seinem Tun, ob er lauter und redlich werden will.

Sprüche 20,11

Ein weiser Sohn ist seines Vaters Freude; aber ein törichter Sohn ist seiner Mutter Grämen.

Sprüche 10,1

Krankheit

Damit ihr aber wisst, dass der Menschensohn Vollmacht hat, auf Erden die Sünden zu vergeben - sprach er zu dem Gelähmten: Steh auf, hebe dein Bett auf und geh heim! Und er stand auf und ging heim.

Matthäus 9,6-7

Und als er heimkam, traten die Blinden zu ihm. Und Jesus sprach zu ihnen: Glaubt ihr, dass ich das tun kann? Da sprachen sie zu ihm: Ja, Herr. Da berührte er ihre Augen und sprach: Euch geschehe nach eurem Glauben! Und ihre Augen wurden geöffnet.

Matthäus 9,28-30

Und das Gebet des Glaubens wird dem Kranken helfen, und der Herr wird ihn aufrichten; und wenn er Sünden getan hat, wird ihm vergeben werden. Bekennt also einander eure Sünden und betet füreinander, dass ihr gesund werdet. Des Gerechten Gebet vermag viel, wenn es ernstlich ist.

Jakobus 5,14-16

Aber dich will ich wieder gesund machen und deine Wunden heilen, spricht der HERR, weil man dich nennt: »die Verstoßene« und: »Zion, nach der niemand fragt«.

Jeremia 30,17

Heile du mich, HERR, so werde ich heil; hilf du mir, so ist mir geholfen; denn du bist mein Ruhm.

Jeremia 17,14

Aber dem HERRN, eurem Gott, sollt ihr dienen, so wird er dein Brot und dein Wasser segnen, und ich will alle Krankheit von dir wenden.

Exodus 23,25

Aber er ist um unsrer Missetat willen verwundet und um unsrer Sünde willen zerschlagen. Die Strafe liegt auf ihm, auf dass wir Frieden hätten, und durch seine Wunden sind wir geheilt.

Jesaja 53,5

Der unsre Sünde selbst hinaufgetragen hat an seinem Leibe auf das Holz, damit wir, der Sünde abgestorben, der Gerechtigkeit leben. Durch seine Wunden seid ihr heil geworden.

1.Petrus 2,24

Langes Leben

Ich will ihn sättigen mit langem Leben und will ihm zeigen mein Heil.

Psalm 91,16

Gott, du hast mich von Jugend auf gelehrt, und noch jetzt verkündige ich deine Wunder. Auch im Alter, Gott, verlass mich nicht, und wenn ich grau werde, bis ich deine Macht verkündige Kindeskindern und deine Kraft allen, die noch kommen sollen.

Psalm 71,17-18

Sondern wandelt in allen Wegen, die euch der HERR, euer Gott, geboten hat, damit ihr leben könnt und es euch wohlgeht und ihr lange lebt in dem Lande, das ihr einnehmen werdet.

5.Mose 5,33

Mein Sohn, vergiss meine Weisung nicht, und dein Herz behalte meine Gebote, denn sie werden dir langes Leben bringen und gute Jahre und Frieden.

Sprüche 3,1-2

Denn durch mich werden deine Tage viel werden und die Jahre deines Lebens sich mehren.

Sprüche 9,11

Liebe

Alle eure Dinge lasst in der Liebe geschehen!

1.Korinther 16,14

Die Liebe sei ohne Falsch. Hasst das Böse, hängt dem Guten an. Die brüderliche Liebe untereinander sei herzlich. Einer komme dem andern mit Ehrerbietung zuvor.

Römer 12,9-10

Ihr Lieben, hat uns Gott so geliebt, so sollen wir uns auch untereinander lieben.

1.Johannes 4,11

Von der brüderlichen Liebe aber ist es nicht nötig, euch zu schreiben; denn ihr selbst seid von Gott gelehrt, euch untereinander zu lieben.

1.Thessalonicher 4,9

Ein neues Gebot gebe ich euch, dass ihr euch untereinander liebt, wie ich euch geliebt habe, damit auch ihr einander liebhabt. Daran wird jedermann erkennen, dass ihr meine Jünger seid, wenn ihr Liebe untereinander habt.

Johannes 13,34-35

Habt ihr eure Seelen gereinigt im Gehorsam der Wahrheit zu ungefärbter Bruderliebe, so habt euch untereinander beständig lieb aus reinem Herzen.

1.Petrus 1,22

So zieht nun an als die Auserwählten Gottes, als die Heiligen und Geliebten, herzliches Erbarmen, Freundlichkeit, Demut, Sanftmut, Geduld; und ertrage einer den andern und vergebt euch untereinander, wenn jemand Klage hat gegen den andern; wie der Herr euch vergeben hat, so vergebt auch ihr!

Kolosser 3,12-13

Ihr Lieben, lasst uns einander lieb haben; denn die Liebe ist von Gott, und wer liebt, der ist von Gott geboren und kennt Gott. Wer nicht liebt, der kennt Gott nicht; denn Gott ist die Liebe.

1.Johannes 4,7-8

Meine Kinder, lasst uns nicht lieben mit Worten noch mit der Zunge, sondern mit der Tat und mit der Wahrheit.

1.Johannes 3,18

Und das ist die Liebe, dass wir leben nach seinen Geboten; das ist das Gebot, wie ihr's gehört habt von Anfang an, dass ihr darin lebt.

2. Johannes 6

Wer seinen Bruder liebt, der bleibt im Licht, und durch ihn kommt niemand zu Fall.

1.Johannes 2,10

Liebe Gottes

Lasst uns lieben, denn er hat uns zuerst geliebt.

1.Johannes 4,19

Der HERR macht die Blinden sehend. Der HERR richtet auf, die niedergeschlagen sind. Der HERR liebt die Gerechten.

Psalm 146,8

Also hat Gott die Welt geliebt, dass er seinen eingeborenen Sohn gab, damit alle, die an ihn glauben, nicht verloren werden, sondern das ewige Leben haben.

Johannes 3,16

Es soll meine Freude sein, ihnen Gutes zu tun, und ich will sie in diesem Lande einpflanzen, ganz gewiss, von ganzem Herzen und von ganzer Seele.

Jeremia 32,41

Und wird dich lieben und segnen und mehren, und er wird segnen die Frucht deines Leibes und den Ertrag deines Ackers, dein Getreide, Wein und Öl, und das Jungvieh deiner Kühe und deiner Schafe in dem Lande, das er dir geben wird, wie er deinen Vätern geschworen hat.

5.Mose 7,13

Des Gottlosen Weg ist dem HERRN ein Gräuel; wer aber der Gerechtigkeit nachjagt, den liebt er.

Sprüche 15,9

Der HERR ist mir erschienen von ferne: Ich habe dich je und je geliebt, darum habe ich dich zu mir gezogen aus lauter Güte.

Jeremia 31,3

Assur soll uns nicht helfen; wir wollen nicht mehr auf Rossen reiten, auch nicht mehr sagen zu den Werken unserer Hände: »Ihr seid unser Gott.« Denn bei dir finden die Verwaisten Gnade.

Hosea 14,4

Aber Gott, der reich ist an Barmherzigkeit, hat in seiner großen Liebe, mit der er uns geliebt hat, auch uns, die wir tot waren in den Sünden, mit Christus lebendig gemacht - aus Gnade seid ihr selig geworden - und er hat uns mit auferweckt und mit eingesetzt im Himmel in Christus Jesus, damit er in den kommenden Zeiten erzeige den überschwänglichen Reichtum seiner Gnade durch seine Güte gegen uns in Christus Jesus.

Epheser 2,4-7

Denn wie ein junger Mann eine Jungfrau freit, so wird dich dein Erbauer freien, und wie sich ein Bräutigam freut über die Braut, so wird sich dein Gott über dich freuen.

Jesaja 62,5

Darin besteht die Liebe: nicht dass wir Gott geliebt haben, sondern dass er uns geliebt hat und gesandt seinen Sohn zur Versöhnung für unsre Sünden.

1.Johannes 4,10

Ich in ihnen und du in mir, damit sie vollkommen eins seien und die Welt erkenne, dass du mich gesandt hast und sie liebst, wie du mich liebst.

Johannes 17,23

Und ich habe ihnen deinen Namen kundgetan und werde ihn kundtun, damit die Liebe, mit der du mich liebst, in ihnen sei und ich in ihnen.

Johannes 17,26

Und wir haben erkannt und geglaubt die Liebe, die Gott zu uns hat. Gott ist die Liebe; und wer in der Liebe bleibt, der bleibt in Gott und Gott in ihm.

1.Johannes 4,16

Er aber, unser Herr Jesus Christus, und Gott, unser Vater, der uns geliebt und uns einen ewigen Trost gegeben hat und eine gute Hoffnung durch Gnade, der tröste eure Herzen und stärke euch in allem guten Werk und Wort.

2.Thessalonicher 2,16-17

Denn er selbst, der Vater, hat euch lieb, weil ihr mich liebt und glaubt, dass ich von Gott ausgegangen bin.

Johannes 16,27

Liebe zu Gott

Ich liebe, die mich lieben, und die mich suchen, finden mich.

Sprüche 8,17

Wer meine Gebote hat und hält sie, der ist's, der mich liebt. Wer mich aber liebt, der wird von meinem Vater geliebt werden, und ich werde ihn lieben und mich ihm offenbaren.

Johannes 14,21

Der HERR behütet alle, die ihn lieben, und wird vertilgen alle Gottlosen.

Psalm 145,20

Die Gnade sei mit allen, die lieb haben unsern Herrn Jesus Christus, in Unvergänglichkeit.

Epheser 6,24

Was kein Auge gesehen hat und kein Ohr gehört hat und in keines Menschen Herz gekommen ist, was Gott bereitet hat denen, die ihn lieben.

1.Korinther 2,9

Habe deine Lust am HERRN; der wird dir geben, was dein Herz wünscht.

Psalm 37,4

So sollst du nun wissen, dass der HERR, dein Gott, allein Gott ist, der treue Gott, der den Bund und die Barmherzigkeit bis ins tausendste Glied hält denen, die ihn lieben und seine Gebote halten.

5.Mose 7,9

Er liebt mich, darum will ich ihn erretten; er kennt meinen Namen, darum will ich ihn schützen.

Psalm 91,14

Werdet ihr nun auf meine Gebote hören, die ich euch heute gebiete, dass ihr den HERRN, euren Gott, liebt und ihm dient von ganzem Herzen und von ganzer Seele, so will ich eurem Lande Regen geben zu seiner Zeit, Frühregen und Spätregen, dass du einsammelst dein Getreide, deinen Wein und dein Öl, und will deinem Vieh Gras geben auf deinem Felde, dass ihr esst und satt werdet.

5.Mose 11,13-15

Ich wandle auf dem Wege der Gerechtigkeit, mitten auf der Straße des Rechts, dass ich versorge mit Besitz, die mich lieben, und ihre Schatzkammern fülle.

Sprüche 8,20-21

Lust

Denn alles, was in der Welt ist, des Fleisches Lust und der Augen Lust und hoffärtiges Leben, ist nicht vom Vater, sondern von der Welt. Und die Welt vergeht mit ihrer Lust; wer aber den Willen Gottes tut, der bleibt in Ewigkeit.

1.Johannes 2,16-17

So seid nun Gott untertan. Widersteht dem Teufel, so flieht er von euch. Naht euch zu Gott, so naht er sich zu euch. Reinigt die Hände, ihr Sünder, und heiligt eure Herzen, ihr Wankelmütigen.

Jakobus 4,7-8

Ihr habt gehört, dass gesagt ist: »Du sollst nicht ehebrechen.« Ich aber sage euch: Wer eine Frau ansieht, sie zu begehren, der hat schon mit ihr die Ehe gebrochen in seinem Herzen.

Matthäus 5,27-28

Als gehorsame Kinder gebt euch nicht den Begierden hin, denen ihr früher in der Zeit eurer Unwissenheit dientet; sondern wie der, der euch berufen hat, heilig ist, sollt auch ihr heilig sein in eurem ganzen Wandel. Denn es steht geschrieben: »Ihr sollt heilig sein, denn ich bin heilig.«

1.Petrus 1,14-16

Lass dich nach ihrer Schönheit nicht gelüsten in deinem Herzen, und lass dich nicht fangen durch ihre Augenlider. Denn eine Hure bringt einen nur ums Brot, aber eines andern Ehefrau um das kostbare Leben. Kann auch jemand ein Feuer unterm Gewand tragen, ohne dass seine Kleider brennen? Oder könnte jemand auf Kohlen gehen, ohne dass seine Füße verbrannt würden? So geht es dem, der zu seines Nächsten Frau geht; es bleibt keiner ungestraft, der sie berührt.

Sprüche 6,25-29

Liebe Brüder, ich ermahne euch als Fremdlinge und Pilger: Enthaltet euch von fleischlichen Begierden, die gegen die Seele streiten.

1.Petrus 2,11

Ich sage aber: Lebt im Geist, so werdet ihr die Begierden des Fleisches nicht vollbringen.

Galater 5,16-17

Denn auch wir waren früher unverständig, ungehorsam, gingen in die Irre, waren mancherlei Begierden und Gelüsten dienstbar und lebten in Bosheit und Neid, waren verhasst und hassten uns untereinander. Als aber erschien die Freundlichkeit und Menschenliebe Gottes, unseres Heilands, machte er uns selig - nicht um der Werke der Gerechtigkeit willen, die wir getan hatten, sondern nach seiner Barmherzigkeit - durch das Bad der Wiedergeburt und Erneuerung im Heiligen Geist.

Titus 3,3-5

Die aber Christus Jesus angehören, die haben ihr Fleisch gekreuzigt samt den Leidenschaften und Begierden.

Galater 5,24

Woher kommt der Kampf unter euch, woher der Streit? Kommt's nicht daher, dass in euren Gliedern die Gelüste gegeneinander streiten? Ihr seid begierig und erlangt's nicht; ihr mordet und neidet und gewinnt nichts; ihr streitet und kämpft und habt nichts, weil ihr nicht bittet; ihr bittet und empfangt nichts, weil ihr in übler Absicht bittet, nämlich damit ihr's für eure Gelüste vergeuden könnt. Ihr Abtrünnigen, wisst ihr nicht, dass Freundschaft mit der Welt Feindschaft mit Gott ist? Wer der Welt Freund sein will, der wird Gottes Feind sein.

Jakobus 4,1-4

Niemand sage, wenn er versucht wird, dass er von Gott versucht werde. Denn Gott kann nicht versucht werden zum Bösen, und er selbst versucht niemand.

Jakobus 1,13

Unter ihnen haben auch wir alle einst unser Leben geführt in den Begierden unsres Fleisches und taten den Willen des Fleisches und der Sinne und waren Kinder des Zorns von Natur wie auch die andern. Aber Gott, der reich ist an Barmherzigkeit, hat in seiner großen Liebe, mit der er uns geliebt hat, auch uns, die wir tot waren in den Sünden, mit Christus lebendig gemacht - aus Gnade seid ihr selig geworden - und er hat uns mit auferweckt und mit eingesetzt im Himmel in Christus Jesus.

Epheser 2,3-6

Denn es ist erschienen die heilsame Gnade Gottes allen Menschen und nimmt uns in Zucht, dass wir absagen dem ungöttlichen Wesen und den weltlichen Begierden und besonnen, gerecht und fromm in dieser Welt leben.

Titus 2,11-12

Durch sie sind uns die teuren und allergrößten Verheißungen geschenkt, damit ihr dadurch Anteil bekommt an der göttlichen Natur, die ihr entronnen seid der verderblichen Begierde in der Welt.

2.Petrus 1,4

So auch ihr, haltet dafür, dass ihr der Sünde gestorben seid und lebt Gott in Christus Jesus. So lasst nun die Sünde nicht herrschen in eurem sterblichen Leibe, und leistet seinen Begierden keinen Gehorsam. Denn die Sünde wird nicht herrschen können über euch, weil ihr ja nicht unter dem Gesetz seid, sondern unter der Gnade.

Römer 6,11-14

Lügen

Du sollst kein falsches Gerücht verbreiten; du sollst nicht einem Schuldigen Beistand leisten und kein falscher Zeuge sein.

Exodus 23,1

Ein treuer Zeuge lügt nicht; aber ein falscher Zeuge redet frech Lügen.

Sprüche 14,5

Belügt einander nicht; denn ihr habt den alten Menschen mit seinen Werken ausgezogen und den neuen angezogen, der erneuert wird zur Erkenntnis nach dem Ebenbild dessen, der ihn geschaffen hat.

Kolosser 3,9-10

Wer wider seinen Nächsten falsch Zeugnis redet, der ist wie ein Streithammer, Schwert und scharfer Pfeil.

Sprüche 25,18

Und keiner ersinne Arges in seinem Herzen gegen seinen Nächsten, und liebt nicht falsche Eide; denn das alles hasse ich, spricht der HERR.

Sacharja 8,17

Wer in Unschuld lebt, der lebt sicher; wer aber verkehrte Wege geht, wird ertappt werden.

Sprüche 10,9

Der König entgegnete ihm: Wie oft soll ich dich beschwören, dass du mir im Namen des HERRN nichts als die Wahrheit sagst!

1.Könige 22,16

Nein, mutwillig tut ihr Unrecht im Lande, und eure Hände treiben Frevel.

Psalm 58,3

Ein falscher Zeuge bleibt nicht ungestraft; und wer frech Lügen redet, wird nicht entrinnen.

Sprüche 19,5

Wenn ein frevelhafter Zeuge gegen jemand auftritt, um ihn einer Übertretung zu beschuldigen, so sollen die beiden Männer, die eine Sache miteinander haben, vor den HERRN treten, vor die Priester und Richter, die zu jener Zeit sein werden, und die Richter sollen gründlich nachforschen. Und wenn der falsche Zeuge ein falsches Zeugnis wider seinen Bruder gegeben hat, so sollt ihr mit ihm tun, wie er gedachte, seinem Bruder zu tun, damit du das Böse aus deiner Mitte wegtust.

5.Mose 19,16-19

Habt ihr aber bittern Neid und Streit in eurem Herzen, so rühmt euch nicht und lügt nicht der Wahrheit zuwider.

Jakobus 3,14

Die Feigen aber und Ungläubigen und Frevler und Mörder und Unzüchtigen und Zauberer und Götzendiener und alle Lügner, deren Teil wird in dem Pfuhl sein, der mit Feuer und Schwefel brennt; das ist der zweite Tod.

Offenbarung 21,8

Sei nicht ein falscher Zeuge wider deinen Nächsten und betrüge nicht mit deinem Munde.

Sprüche 24,28

Wahrhaftiger Mund besteht immerdar; aber die falsche Zunge besteht nicht lange.

Sprüche 12,19

Ihr sollt nicht falsch schwören bei meinem Namen und den Namen eures Gottes nicht entheiligen; ich bin der HERR.

3.Mose 19,12

Ein falscher Zeuge bleibt nicht ungestraft; und wer frech Lügen redet, wird umkommen.

Sprüche 19,9

Mut

Harre des HERRN! Sei getrost und unverzagt und harre des HERRN!

Psalm 27,14

Er sprach: Fürchte dich nicht, denn derer sind mehr, die bei uns sind, als derer, die bei ihnen sind!

2.Könige 6,16

Liebet den HERRN, alle seine Heiligen! Die Gläubigen behütet der HERR und vergilt reichlich dem, der Hochmut übt.

Psalm 31,24

Er gibt dem Müden Kraft, und Stärke genug dem Unvermögenden.

Jesaja 40,29

Und nun spricht der HERR, der dich geschaffen hat, Jakob, und dich gemacht hat, Israel: Fürchte dich nicht, denn ich habe dich erlöst; ich habe dich bei deinem Namen gerufen; du bist mein!

Jesaja 43,1

Hoffe auf den HERRN und tu Gutes, bleibe im Lande und nähre dich redlich.

Psalm 37,3

Denn der HERR hat das Recht lieb und verlässt seine Heiligen nicht. Ewiglich werden sie bewahrt, aber das Geschlecht der Gottlosen wird ausgerottet.

Psalm 37,28

Ich kann niedrig sein und kann hoch sein; mir ist alles und jedes vertraut: beides, satt sein und hungern, beides, Überfluss haben und Mangel leiden; ich vermag alles durch den, der mich mächtig macht.

Philipper 4,12-13

Nächstenliebe

Wenn du in deiner Mitte niemand unterjochst und nicht mit Fingern zeigst und nicht übel redest, sondern den Hungrigen dein Herz finden lässt und den Elenden sättigst, dann wird dein Licht in der Finsternis aufgehen, und dein Dunkel wird sein wie der Mittag.

Jesaja 58,9-10

Wohl dem, der sich des Schwachen annimmt! Den wird der Herr erretten zur bösen Zeit.

Psalm 41,1-2

Ein jeder, wie er's sich im Herzen vorgenommen hat, nicht mit Unwillen oder aus Zwang; denn einen fröhlichen Geber hat Gott lieb.

2.Korinther 9,7

Einer teilt reichlich aus und hat immer mehr; ein andrer klagt, wo er nicht soll, und wird doch ärmer, wer reichlich gibt, wird gelabt, und wer reichlich tränkt, der wird auch getränkt werden.

Sprüche 11,24-25

Er streut aus und gibt den Armen; seine Gerechtigkeit bleibt ewiglich. Seine Kraft wird hoch in Ehren stehen.

Psalm 112,9

Wer ein gütiges Auge hat, wird gesegnet; denn er gibt von seinem Brot den Armen.

Sprüche 22,9

Gebt, so wird euch gegeben. Ein volles, gedrücktes, gerütteltes und überfließendes Maß wird man in euren Schoß geben; denn eben mit dem Maß, mit dem ihr messt, wird man euch wieder messen.

Lukas 6,38

Wer dem Armen gibt, dem wird nichts mangeln; wer aber seine Augen abwendet, der wird von vielen verflucht.

Sprüche 28,27

Sondern wenn du ein Mahl machst, so lade Arme, Verkrüppelte, Lahme und Blinde ein, dann wirst du selig sein, denn sie haben nichts, um es dir zu vergelten; es wird dir aber vergolten werden bei der Auferstehung der Gerechten.

Lukas 14,13-14

Habt Acht auf eure Frömmigkeit, dass ihr die nicht übt vor den Leuten, um von ihnen gesehen zu werden; ihr habt sonst keinen Lohn bei eurem Vater im Himmel. Wenn du nun Almosen gibst, sollst du es nicht vor dir ausposaunen lassen, wie es die Heuchler tun in den Synagogen und auf den Gassen, damit sie von den Leuten gepriesen werden. Wahrlich, ich sage euch: Sie haben ihren Lohn schon gehabt. Wenn du aber Almosen gibst, so lass deine linke Hand nicht wissen, was die rechte tut, damit dein Almosen verborgen bleibe; und dein Vater, der in das Verborgene sieht, wird dir's vergelten.

Matthäus 6,1-4

Verkauft, was ihr habt, und gebt Almosen. Macht euch Geldbeutel, die nicht veralten, einen Schatz, der niemals abnimmt, im Himmel, wo kein Dieb hinkommt, und den keine Motten fressen.

Lukas 12,33

Wer sich des Armen erbarmt, der leiht dem Herrn, und der wird ihm vergelten, was er Gutes getan hat.

Sprüche 19,17

Wer seinen Nächsten verachtet, versündigt sich; aber wohl dem, der sich der Elenden erbarmt!

Sprüche 14,21

Da wird dann der König sagen zu denen zu seiner Rechten: Kommt her, ihr Gesegneten meines Vaters, ererbt das Reich, das euch bereitet ist von Anbeginn der Welt! Denn ich bin hungrig gewesen und ihr habt mir zu essen gegeben. Ich bin durstig gewesen und ihr habt mir zu trinken gegeben. Ich bin ein Fremder gewesen und ihr habt mich aufgenommen. Ich bin nackt gewesen und ihr habt mich gekleidet. Ich bin krank gewesen und ihr habt mich besucht. Ich bin im Gefängnis gewesen und ihr seid zu mir gekommen. Dann werden ihm die Gerechten antworten und sagen: Herr, wann haben wir dich hungrig gesehen und haben dir zu essen gegeben, oder durstig und haben dir zu trinken gegeben? Wann haben wir dich als Fremden gesehen und haben dich aufgenommen, oder nackt und haben dich gekleidet? Wann haben wir dich krank oder im Gefängnis gesehen und sind zu dir gekommen? Und der König wird antworten und zu ihnen sagen: Wahrlich, ich sage euch: Was ihr getan habt einem von diesen meinen geringsten Brüdern, das habt ihr mir getan.

Matthäus 25,34-40

Den Reichen in dieser Welt gebiete, dass sie nicht stolz seien, auch nicht hoffen auf den unsicheren Reichtum, sondern auf Gott, der uns alles reichlich darbietet, es zu genießen.

1.Timotheus 6,17-18

Ich bin jung gewesen und alt geworden und habe noch nie den Gerechten verlassen gesehen und seine Kinder um Brot betteln. Er ist allezeit barmherzig und leiht gerne, und sein Geschlecht wird zum Segen sein.

Psalm 37,25-26

Dann soll kommen der Levit, der weder Anteil noch Erbe mit dir hat, und der Fremdling und die Waise und die Witwe, die in deiner Stadt leben, und sollen essen und sich sättigen, auf dass dich der HERR, dein Gott, segne in allen Werken deiner Hand, die du tust.

5. Mose 14,29

Und Jesus sah ihn an und gewann ihn lieb und sprach zu ihm: Eines fehlt dir. Geh hin, verkaufe alles, was du hast, und gib's den Armen, so wirst du einen Schatz im Himmel haben, und komm und folge mir nach!

Markus 10,21

Brich dem Hungrigen dein Brot, und die im Elend ohne Obdach sind, führe ins Haus! Wenn du einen nackt siehst, so kleide ihn, und entzieh dich nicht deinem Fleisch und Blut! Dann wird dein Licht hervorbrechen wie die Morgenröte, und deine Heilung wird schnell voranschreiten, und deine Gerechtigkeit wird vor dir hergehen, und die Herrlichkeit des HERRN wird deinen Zug beschließen.

Jesaja 58,7-8

Rechtschaffenheit

Heil den Gerechten, sie haben es gut! Denn sie werden die Frucht ihrer Werke genießen.

Jesaja 3,10

Denn ein Tag in deinen Vorhöfen ist besser als sonst tausend. Ich will lieber die Tür hüten in meines Gottes Hause als wohnen in der Gottlosen Hütten.

Psalm 84,11

Ist Gott für uns, wer kann wider uns sein? Der auch seinen eigenen Sohn nicht verschont hat, sondern hat ihn für uns alle dahingegeben – wie sollte er uns mit ihm nicht alles schenken?

Römer 8,31-32

Trachtet zuerst nach dem Reich Gottes und nach seiner Gerechtigkeit, so wird euch das alles zufallen.

Matthäus 6,33

Der Gerechte wird sich freuen, wenn er solche Vergeltung sieht, und wird seine Füße baden in des Gottlosen Blut.

Psalm 58,11

Alles ist euer, ihr aber seid Christi, Christus aber ist Gottes.

1.Korinther 3,22-23

Fürchtet den HERRN, ihr seine Heiligen! Denn die ihn fürchten, haben keinen Mangel.

Psalm 34,10

Wer fromm ist, der erlangt Wohlgefallen vom HERRN; aber den Heimtückischen verdammt er.

Sprüche 12,2

Was der Gottlose fürchtet, das wird ihm begegnen; und was die Gerechten begehren, wird ihnen gegeben.

Sprüche 10,24

Unheil verfolgt die Sünder; aber den Gerechten wird mit Gutem vergolten.

Sprüche 13,21

Gutes und Barmherzigkeit werden mir folgen mein Leben lang, und ich werde bleiben im Hause des HERRN immerdar.

Psalm 23,6

Lass sich freuen alle, die auf dich trauen; ewiglich lass sie rühmen, denn du beschirmest sie. Fröhlich lass sein in dir, die deinen Namen lieben!

Psalm 5,12

Wer sich auf seinen Reichtum verlässt, der wird untergehen; aber die Gerechten werden grünen wie das Laub.

Sprüche 11,28

Auf, HERR, und hilf mir, mein Gott! Denn du schlägst alle meine Feinde auf die Backe und zerschmetterst der Gottlosen Zähne.

Psalm 3,8

Sanftmut

Selig sind die Sanftmütigen; denn sie werden das Erdreich besitzen.

Matthäus 5,5

Eine linde Antwort stillt den Zorn; aber ein hartes Wort erregt Grimm.

Sprüche 15,1

Der HERR richtet die Elenden auf und stößt die Gottlosen zu Boden.

Psalm 147,6

Denn der HERR hat Wohlgefallen an seinem Volk, er hilft den Elenden herrlich.

Psalm 149,4

Sondern der verborgene Mensch des Herzens im unvergänglichen Schmuck des sanften und stillen Geistes: das ist köstlich vor Gott.

1.Petrus 3,4

Und die Elenden werden wieder Freude haben am HERRN, und die Ärmsten unter den Menschen werden fröhlich sein in dem Heiligen Israels.

Jesaja 29,19

Er leitet die Elenden recht und lehrt die Elenden seinen Weg.

Psalm 25,9

Sondern wird mit Gerechtigkeit richten die Armen und rechtes Urteil sprechen den Elenden im Lande, und er wird mit dem Stabe seines Mundes den Gewalttätigen schlagen und mit dem Odem seiner Lippen den Gottlosen töten.

Jesaja 11,4

Entrüste dich nicht über die Bösen, sei nicht neidisch auf die Übeltäter.

Psalm 37,1

Dich will ich preisen in der großen Gemeinde, ich will mein Gelübde erfüllen vor denen, die ihn fürchten.

Psalm 22,26

Scham

Wer an ihn glaubt, wird nicht zuschanden werden.

Römer 10,11

Leidet er aber als ein Christ, so schäme er sich nicht, sondern ehre Gott mit diesem Namen.

1.Petrus 4,16

Siehe, ich lege in Zion einen Stein des Anstoßes und einen Fels des Ärgernisses; und wer an ihn glaubt, der soll nicht zuschanden werden.

Römer 9,33

Hoffnung aber lässt nicht zuschanden werden; denn die Liebe Gottes ist ausgegossen in unsre Herzen durch den heiligen Geist, der uns gegeben ist.

Römer 5,5

Ich danke unserm Herrn Christus Jesus, der mich stark gemacht und für treu erachtet hat und in das Amt eingesetzt.

1.Timotheus 1,12

Bemühe dich darum, dich vor Gott zu erweisen als einen rechtschaffenen und untadeligen Arbeiter, der das Wort der Wahrheit recht austeilt.

2.Timotheus 2,15

Wenn ich schaue allein auf deine Gebote, so werde ich nicht zuschanden.

Psalm 119,6

Mein Herz bleibe rechtschaffen in deinen Geboten, damit ich nicht zuschanden werde.

Psalm 119,80

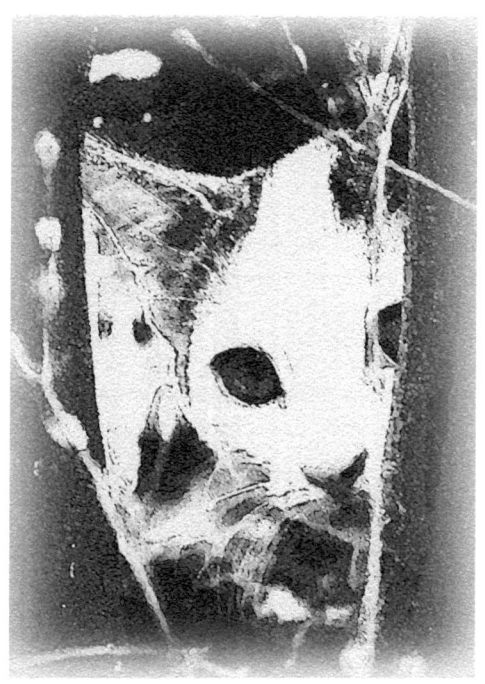

Schmach und Schande

Und wird deine Gerechtigkeit heraufführen wie das Licht und dein Recht wie den Mittag.

Psalm 37,6

Selig seid ihr, wenn euch die Menschen um meinetwillen schmähen und verfolgen und reden allerlei Übles gegen euch, wenn sie damit lügen. Seid fröhlich und getrost; es wird euch im Himmel reichlich belohnt werden. Denn ebenso haben sie verfolgt die Propheten, die vor euch gewesen sind.

Matthäus 5,11-12

Er wird dich verbergen vor der Geißel der Zunge, dass du dich nicht fürchten musst, wenn Verderben kommt.

Hiob 5,21

Ich rufe zu Gott, dem Allerhöchsten, zu Gott, der meine Sache zum guten Ende führt.

Psalm 57,3

Wie groß ist deine Güte, HERR, die du bewahrt hast denen, die dich fürchten, und erweisest vor den Leuten denen, die auf dich trauen!

Psalm 31,20

Hört mir zu, die ihr die Gerechtigkeit kennt, du Volk, in dessen Herzen mein Gesetz ist! Fürchtet euch nicht, wenn euch die Leute schmähen, und entsetzt euch nicht, wenn sie euch verhöhnen!

Jesaja 51,7

Selig seid ihr, wenn ihr geschmäht werdet um des Namens Christi willen, denn der Geist, der ein Geist der Herrlichkeit und Gottes ist, ruht auf euch.

1.Petrus 4,14

Schuld

Liebe Kinder, ich schreibe euch, dass euch die Sünden vergeben sind um seines Namens willen.

1.Johannes 2,12

Wenn wir aber unsre Sünden bekennen, so ist er treu und gerecht, dass er uns die Sünden vergibt und reinigt uns von aller Ungerechtigkeit.

1.Johannes 1,9

Der Gottlose lasse von seinem Wege und der Übeltäter von seinen Gedanken und bekehre sich zum HERRN, so wird er sich seiner erbarmen, und zu unserm Gott, denn bei ihm ist viel Vergebung.

Jesaja 55,7

Und es wird keiner den andern noch ein Bruder den andern lehren und sagen: »Erkenne den HERRN«, sondern sie sollen mich alle erkennen, beide, Klein und Groß, spricht der HERR; denn ich will ihnen ihre Missetat vergeben und ihrer Sünde nimmermehr gedenken.

Jeremia 31,34

Daran erkennen wir, dass wir aus der Wahrheit sind, und können unser Herz vor ihm damit zum Schweigen bringen, dass, wenn uns unser Herz verdammt, Gott größer ist als unser Herz und erkennt alle Dinge.

1.Johannes 3,19-20

Ist jemand in Christus, so ist er eine neue Kreatur; das Alte ist vergangen, siehe, Neues ist geworden.

2.Korinther 5,17

So fern der Morgen ist vom Abend, lässt er unsre Übertretungen von uns sein.

Psalm 103,12

Denn wenn ihr euch bekehrt zu dem HERRN, so werden eure Brüder und Kinder Barmherzigkeit finden bei denen, die sie gefangen halten, sodass sie in dies Land zurückkehren. Denn der HERR, euer Gott, ist gnädig und barmherzig und wird sein Angesicht nicht von euch wenden, wenn ihr euch zu ihm bekehrt.

2.Chronik 30,9

Und will sie reinigen von aller Missetat, womit sie wider mich gesündigt haben; und will ihnen vergeben alle Missetaten, womit sie wider mich gesündigt und gefrevelt haben.

Jeremia 33,8

Wenn wir aber im Licht wandeln, wie er im Licht ist, so haben wir Gemeinschaft untereinander, und das Blut Jesu, seines Sohnes, macht uns rein von aller Sünde.

1.Johannes 1,7

Denn ich will gnädig sein ihrer Ungerechtigkeit, und ihrer Sünden will ich nicht mehr gedenken.

Hebräer 8,12

Schutz Gottes

Der Name des HERRN ist eine feste Burg; der Gerechte läuft dorthin und wird beschirmt.

Sprüche 18,10

Du erfreust mein Herz, ob jene auch viel Wein und Korn haben.

Psalm 4,8

Wer aber mir gehorcht, wird sicher wohnen und ohne Sorge sein und kein Unglück fürchten.

Sprüche 1,33

Und du dürftest dich trösten, dass Hoffnung da ist, würdest rings um dich blicken und dich in Sicherheit schlafen legen, würdest ruhen und niemand würde dich aufschrecken, und viele würden deine Gunst erbitten.

Hiob 11,18-19

Denn der HERR ist deine Zuversicht, der Höchste ist deine Zuflucht. Es wird dir kein Übel begegnen, und keine Plage wird sich deinem Hause nahen.

Psalm 91,9-10

Und wer ist's, der euch schaden könnte, wenn ihr dem Guten nacheifert?

1.Petrus 3,13

Der HERR behüte dich vor allem Übel, er behüte deine Seele. Der HERR behüte deinen Ausgang und Eingang von nun an bis in Ewigkeit!

Psalm 121,7-8

Über Verderben und Hunger wirst du lachen und dich vor den wilden Tieren im Lande nicht fürchten.

Hiob 5,22

Legst du dich, so wirst du dich nicht fürchten, und liegst du, so wirst du süß schlafen.

Sprüche 3,24

Und über »Benjamin« sprach er: Der Geliebte des HERRN wird sicher wohnen; allezeit wird Er die Hand über ihm halten und wird zwischen seinen Höhen wohnen.

5.Mose 33,12

Der HERR ist mein Licht und mein Heil; vor wem sollte ich mich fürchten? Der HERR ist meines Lebens Kraft; vor wem sollte mir grauen?

Psalm 27,1

Vor schlimmer Kunde fürchtet er sich nicht; sein Herz hofft unverzagt auf den HERRN.

Psalm 112,7

Und nun spricht der HERR, der dich geschaffen hat, Jakob, und dich gemacht hat, Israel: Fürchte dich nicht, denn ich habe dich erlöst; ich habe dich bei deinem Namen gerufen; du bist mein!

Jesaja 43,1-2

Selbstgerechtigkeit

Lass dich von einem andern loben und nicht von deinem Mund, von einem Fremden und nicht von deinen eignen Lippen.

Sprüche 27,2

Du hast geredet vor meinen Ohren, den Ton deiner Reden höre ich noch: »Ich bin rein, ohne Missetat, unschuldig und habe keine Sünde.«

Hiob 33,8-9

Denn Gott wird Nichtiges nicht erhören, und der Allmächtige wird es nicht ansehen.

Hiob 35,13

Denn wenn jemand meint, er sei etwas, obwohl er doch nichts ist, der betrügt sich selbst.

Galater 6,3

Und er sprach zu ihnen: Ihr seid's, die ihr euch selbst rechtfertigt vor den Menschen; aber Gott kennt eure Herzen; denn was hoch ist bei den Menschen, das ist ein Gräuel vor Gott.

Lukas 16,15

Wärt ihr blind, so hättet ihr keine Sünde; weil ihr aber sagt: Wir sind sehend, bleibt eure Sünde.

Johannes 9,41

Wer sich aber rühmt, der rühme sich des Herrn. Denn nicht der ist tüchtig, der sich selbst empfiehlt, sondern der, den der Herr empfiehlt.

2.Korinther 10,17-18

Niemand ruft deinen Namen an oder macht sich auf, dass er sich an dich halte; denn du hast dein Angesicht vor uns verborgen und lässt uns vergehen unter der Gewalt unsrer Schuld.

Jesaja 64,6

Wenn du einen siehst, der sich weise dünkt, da ist für einen Toren mehr Hoffnung als für ihn.

Sprüche 26,12

Ein Habgieriger erweckt Zank; wer sich aber auf den HERRN verlässt, wird gelabt. Wer sich auf seinen Verstand verlässt, ist ein Tor; wer aber in der Weisheit wandelt, wird entrinnen.

Sprüche 28,25-26

Hältst du das für recht, nennst du das »meine Gerechtigkeit vor Gott«.

Hiob 35,2

Weh denen, die weise sind in ihren eigenen Augen und halten sich selbst für klug!

Jesaja 5,21

Selbstlosigkeit

Ich aber sage euch, dass ihr nicht widerstreben sollt dem Übel, sondern: wenn dich jemand auf deine rechte Backe schlägt, dem biete die andere auch dar. Und wenn jemand mit dir rechten will und dir deinen Rock nehmen, dem lass auch den Mantel. Und wenn dich jemand nötigt, eine Meile mitzugehen, so geh mit ihm zwei.

Matthäus 5,39-41

Da sprach Jesus zu seinen Jüngern: Will mir jemand nachfolgen, der verleugne sich selbst und nehme sein Kreuz auf sich und folge mir. Denn wer sein Leben erhalten will, der wird's verlieren; wer aber sein Leben verliert um meinetwillen, der wird's finden. Was hülfe es dem Menschen, wenn er die ganze Welt gewönne und nähme doch Schaden an seiner Seele? Oder was kann der Mensch geben, womit er seine Seele auslöse?

Matthäus 16,24-26

Er aber sprach zu ihnen: Wahrlich, ich sage euch: Es ist niemand, der Haus oder Frau oder Brüder oder Eltern oder Kinder verlässt um des Reiches Gottes willen, der es nicht vielfach wieder empfange in dieser Zeit und in der zukünftigen Welt das ewige Leben.

Lukas 18,29-30

Denn es ist erschienen die heilsame Gnade Gottes allen Menschen und nimmt uns in Zucht, dass wir absagen dem ungöttlichen Wesen und den weltlichen Begierden und besonnen, gerecht und fromm in dieser Welt leben.

Titus 2,11-12

Die aber Christus Jesus angehören, die haben ihr Fleisch gekreuzigt samt den Leidenschaften und Begierden.

Galater 5,24

So sind wir nun, liebe Brüder, nicht dem Fleisch schuldig, dass wir nach dem Fleisch leben. Denn wenn ihr nach dem Fleisch lebt, so werdet ihr sterben müssen; wenn ihr aber durch den Geist die Taten des Fleisches tötet, so werdet ihr leben.

Römer 8,12-13

Sexuelle Sünden

Diese sind's, die sich mit Frauen nicht befleckt haben, denn sie sind jungfräulich; die folgen dem Lamm nach, wohin es geht. Diese sind erkauft aus den Menschen als Erstlinge für Gott und das Lamm.

Offenbarung 14,4

Die Ehe soll in Ehren gehalten werden bei allen und das Ehebett unbefleckt; denn die Unzüchtigen und die Ehebrecher wird Gott richten.

Hebräer 13,4

Wisst ihr nicht, dass eure Leiber Glieder Christi sind? Sollte ich nun die Glieder Christi nehmen und Hurenglieder daraus machen? Das sei ferne!

1.Korinther 6,15

Die Speise dem Bauch und der Bauch der Speise; aber Gott wird das eine wie das andere zunichte machen. Der Leib aber nicht der Hurerei, sondern dem Herrn, und der Herr dem Leibe.

1.Korinther 6,13

Es ist gut für sie, wenn sie bleiben wie ich. Wenn sie sich aber nicht enthalten können, sollen sie heiraten; denn es ist besser, zu heiraten als sich in Begierde zu verzehren.

1.Korinther 7,8-9

Wem eine tüchtige Frau beschert ist, die ist viel edler als die köstlichsten Perlen.

Sprüche 31,10

Flieht der Hurerei! Alle Sünden, die der Mensch tut, bleiben außerhalb des Leibes; wer aber Hurerei treibt, der sündigt am eigenen Leibe. Oder wisst ihr nicht, dass euer Leib ein Tempel des heiligen Geistes ist, der in euch ist und den ihr von Gott habt, und dass ihr nicht euch selbst gehört? Denn ihr seid teuer erkauft; darum preist Gott mit eurem Leibe.

1.Korinther 6,18-20

Wenn einer aber in seinem Herzen fest ist, weil er nicht unter Zwang ist und seinen freien Willen hat, und beschließt in seinem Herzen, seine Jungfrau unberührt zu lassen, so tut er gut daran.

1.Korinther 7,37

Selig ist der Mann, der die Anfechtung erduldet; denn nachdem er bewährt ist, wird er die Krone des Lebens empfangen, die Gott verheißen hat denen, die ihn lieb haben.

Jakobus 1,12

Denn das ist der Wille Gottes, eure Heiligung, dass ihr meidet die Unzucht.

1.Thessalonicher 4,3

Denn worin er selber gelitten hat und versucht worden ist, kann er helfen denen, die versucht werden.

Hebräer 2,18

Der Herr weiß die Frommen aus der Versuchung zu erretten, die Ungerechten aber festzuhalten für den Tag des Gerichts, um sie zu strafen.

2.Petrus 2,9

Denn wir haben nicht einen Hohepriester, der nicht könnte mit leiden mit unserer Schwachheit, sondern der versucht worden ist in allem wie wir, doch ohne Sünde. Darum lasst uns hinzutreten mit Zuversicht zu dem Thron der Gnade, damit wir Barmherzigkeit empfangen und Gnade finden zu der Zeit, wenn wir Hilfe nötig haben.

Hebräer 4,15-16

Es ist gut für den Mann, keine Frau zu berühren.

1.Korinther 7,1

Gott ist treu, der euch nicht versuchen lässt über eure Kraft, sondern macht, dass die Versuchung so ein Ende nimmt, dass ihr's ertragen könnt.

1.Korinther 10,13

Stolz

Wer zugrunde gehen soll, der wird zuvor stolz; und Hochmut kommt vor dem Fall.

Sprüche 16,18

Hoffärtige Augen und stolzer Sinn, die Leuchte der Gottlosen, ist Sünde.

Sprüche 21,4

Ich, die Weisheit, wohne bei der Klugheit und weiß guten Rat zu geben.

Sprüche 8,12

Ja, schau alle Hochmütigen an und beuge sie und zertritt die Gottlosen in Grund und Boden!

Hiob 40,12

Lass dich von einem andern loben und nicht von deinem Mund, von einem Fremden und nicht von deinen eignen Lippen.

Sprüche 27,2

Wie könnt ihr glauben, die ihr Ehre voneinander annehmt, und die Ehre, die von dem alleinigen Gott ist, sucht ihr nicht?

Johannes 5,44

Wenn du einen siehst, der sich weise dünkt, da ist für einen Toren mehr Hoffnung als für ihn.

Sprüche 26,12

Du schiltst die Stolzen; verflucht sind, die von deinen Geboten abirren.

Psalm 119,21

Weh denen, die weise sind in ihren eigenen Augen und halten sich selbst für klug!

Jesaja 5,21

Ein Habgieriger erweckt Zank; wer sich aber auf den HERRN verlässt, wird gelabt. Wer sich auf seinen Verstand verlässt, ist ein Tor; wer aber in der Weisheit wandelt, wird entrinnen.

Sprüche 28,25-26

Und er sprach zu ihnen: Ihr seid's, die ihr euch selbst rechtfertigt vor den Menschen; aber Gott kennt eure Herzen; denn was hoch ist bei den Menschen, das ist ein Gräuel vor Gott.

Lukas 16,15

Wer sich aber rühmt, der rühme sich des Herrn. Denn nicht der ist tüchtig, der sich selbst empfiehlt, sondern der, den der Herr empfiehlt.

2.Korinther 10,17-18

Wenn jemand will der Erste sein, der soll der Letzte sein von allen und aller Diener.

Markus 9,35

Suche nach Gott

Säet Gerechtigkeit und erntet nach dem Maße der Liebe! Pflüget ein Neues, solange es Zeit ist, den HERRN zu suchen, bis er kommt und Gerechtigkeit über euch regnen lässt!

Hosea 10,12

Wenn du aber dort den HERRN, deinen Gott, suchen wirst, so wirst du ihn finden, wenn du ihn von ganzem Herzen und von ganzer Seele suchen wirst.

5.Mose 4,29

Aber ohne Glauben ist's unmöglich, Gott zu gefallen; denn wer zu Gott kommen will, der muss glauben, dass er ist und dass er denen, die ihn suchen, ihren Lohn gibt.

Hebräer 11,6

Denn so spricht der HERR zum Hause Israel: Suchet mich, so werdet ihr leben.

Amos 5,4

Der HERR ist des Armen Schutz, ein Schutz in Zeiten der Not.

Psalm 9,10

Ihr werdet mich suchen und finden; denn wenn ihr mich von ganzem Herzen suchen werdet, so will ich mich von euch finden lassen, spricht der HERR.

Jeremia 29,13-14

Und du, mein Sohn Salomo, erkenne den Gott deines Vaters und diene ihm mit ganzem Herzen und mit williger Seele. Denn der HERR erforscht alle Herzen und versteht alles Dichten und Trachten der Gedanken. Wirst du ihn suchen, so wirst du ihn finden; wirst du ihn aber verlassen, so wird er dich verwerfen ewiglich!

1.Chronik 28,9

Damit sie Gott suchen sollen, ob sie ihn wohl fühlen und finden könnten; und fürwahr, er ist nicht ferne von einem jeden unter uns.

Apostelgeschichte 17,27

Denn der HERR ist freundlich dem, der auf ihn harrt, und dem Menschen, der nach ihm fragt.

Klagelieder 3,25

Da zog er hinaus Asa entgegen und sprach zu ihm: Hört mir zu, Asa und ganz Juda und Benjamin! Der HERR ist mit euch, weil ihr mit ihm seid; und wenn ihr ihn sucht, wird er sich von euch finden lassen. Werdet ihr ihn aber verlassen, so wird er euch auch verlassen.

2.Chronik 15,2

Wenn du aber dich beizeiten zu Gott wendest und zu dem Allmächtigen flehst, wenn du rein und fromm bist, so wird er deinetwegen aufwachen und wird wieder aufrichten deine Wohnung, wie es dir zusteht.

Hiob 8,5-6

Tod und Trauer

Und ob ich schon wanderte im finstern Tal, fürchte ich kein Unglück; denn du bist bei mir, dein Stecken und Stab trösten mich.

Psalm 23,4

Tod, wo ist dein Sieg? Tod, wo ist dein Stachel?

1.Korinther 15,55

Ich bin gewiss, dass weder Tod noch Leben, weder Engel noch Mächte noch Gewalten, weder Gegenwärtiges noch Zukünftiges, weder Hohes noch Tiefes noch eine andere Kreatur uns scheiden kann von der Liebe Gottes, die in Christus Jesus ist, unserm Herrn.

Römer 8,38-39

Der Gottlose besteht nicht in seinem Unglück; aber der Gerechte ist auch in seinem Tode getrost.

Sprüche 14,32

Weil nun die Kinder von Fleisch und Blut sind, hat auch er's gleichermaßen angenommen, damit er durch seinen Tod die Macht nähme dem, der Gewalt über den Tod hatte, nämlich dem Teufel, und die erlöste, die durch Furcht vor dem Tod im ganzen Leben Knechte sein mussten.

Hebräer 2,14-15

Und Israel sprach zu Josef: Siehe, ich sterbe; aber Gott wird mit euch sein und wird euch zurückbringen in das Land eurer Väter.

1.Mose 48-21

Habt gut Acht auf seine Mauern, durchwandert seine Paläste, dass ihr den Nachkommen davon erzählt.

Psalm 48,14

Sie liegen bei den Toten wie Schafe, der Tod weidet sie; aber die Frommen werden gar bald über sie herrschen, und ihr Trotz muss vergehen; bei den Toten müssen sie bleiben.

Psalm 49,15

Er wird den Tod verschlingen auf ewig. Und Gott der HERR wird die Tränen von allen Angesichtern abwischen und wird aufheben die Schmach seines Volks in allen Landen; denn der HERR hat's gesagt.

Jesaja 25,8

Aber ich will sie aus dem Totenreich erlösen und vom Tode erretten. Tod, ich will dir ein Gift sein; Totenreich, ich will dir eine Pest sein; Rache kenne ich nicht mehr.

Hosea 13,14

Darum werden wir nicht müde; sondern wenn auch unser äußerer Mensch verfällt, so wird doch der innere von Tag zu Tag erneuert.

2.Korinther 4,16

Also hat Gott die Welt geliebt, dass er seinen eingeborenen Sohn gab, damit alle, die an ihn glauben, nicht verloren werden, sondern das ewige Leben haben.

Johannes 3,16

Wer mein Wort hält, der wird den Tod nicht sehen in Ewigkeit.

Johannes 8,51

Bleibe fromm und halte dich recht; denn einem solchen wird es zuletzt gut gehen.

Psalm 37,37

Wenn mir gleich Leib und Seele verschmachtet, so bist du doch, Gott, allezeit meines Herzens Trost und mein Teil.

Psalm 73,26

Üble Nachrede

Wenn kein Holz mehr da ist, so verlischt das Feuer, und wenn der Verleumder weg ist, so hört der Streit auf. Wie die Kohlen die Glut und Holz das Feuer, so facht ein zänkischer Mann den Streit an.

Sprüche 26,20-21

Die Worte des Verleumders sind wie Leckerbissen und gehen einem glatt ein.

Sprüche 18,8

Ein Verleumder verrät, was er heimlich weiß; aber wer getreuen Herzens ist, verbirgt es.

Sprüche 11,13

Wind mit dunklen Wolken bringt Regen, und heimliches Geschwätz schafft saure Gesichter.

Sprüche 25,23

Ein falscher Mensch richtet Zank an, und ein Verleumder macht Freunde uneins.

Sprüche 16,28

Wer Geheimnisse verrät, ist ein Verleumder, und mit dem, der den Mund nicht halten kann, lass dich nicht ein.

Sprüche 20,19

Vergebung

Ich aber sage euch: Liebt eure Feinde und bittet für die, die euch verfolgen, damit ihr Kinder seid eures Vaters im Himmel. Denn er lässt seine Sonne aufgehen über Böse und Gute und lässt regnen über Gerechte und Ungerechte.

Matthäus 5,44-45

Wenn deinem Feind hungert, gib ihm zu essen; dürstet ihn, gib ihm zu trinken. Wenn du das tust, so wirst du feurige Kohlen auf sein Haupt sammeln.

Römer 12,20

Und wenn ihr steht und betet, so vergebt, wenn ihr etwas gegen jemanden habt, damit auch euer Vater im Himmel euch vergebe eure Übertretungen. Wenn ihr aber nicht vergebt, so wird euer Vater, der im Himmel ist, eure Übertretungen auch nicht vergeben.

Markus 11,25-26

Denn wenn ihr den Menschen ihre Verfehlungen vergebt, so wird euch euer himmlischer Vater auch vergeben.

Matthäus 6,14

Sprich nicht: »Ich will Böses vergelten!« Harre des Herrn, der wird dir helfen.

Sprüche 20,22

Vielmehr liebt eure Feinde; tut Gutes und leiht, wo ihr nichts dafür bekommen hofft. So wird euer Lohn groß sein, und ihr werdet Kinder des Allerhöchsten sein; denn er ist gütig gegen die Undankbaren und Bösen. Seid barmherzig, wie auch euer Vater barmherzig ist. Und richtet nicht, so werdet ihr auch nicht gerichtet. Verdammt nicht, so werdet ihr nicht verdammt. Vergebt, so wird euch vergeben. Gebt, so wird euch gegeben. Ein volles gedrücktes, gerütteltes und überfließendes Maß wird man in euren Schoß geben; denn eben mit dem Maß, mit dem ihr messt, wird man euch wieder messen.

Lukas 6,35-38

Vertrauen

Alle eure Sorge werft auf ihn; denn er sorgt für euch.

1.Petrus 5,7

Denn ein Tag in den Vorhöfen ist besser als sonst tausend. Ich will lieber die Tür hüten in meines Gottes Hause als wohnen in der Gottlosen Hütten. Denn Gott der Herr ist Sonne und Schild; der Herr gibt Gnade und Ehre. Er wird kein Gutes mangeln lassen den Frommen.

Psalm 84,11-12

Hoffe auf den Herrn und tu Gutes, bleibe im Lande und nähre dich redlich. Habe deine Lust am Herrn; der wird dir geben, was dein Herz wünscht. Befiehl dem Herrn deine Wege und hoffe auf ihn, er wird's wohlmachen.

Psalm 37,3-5

Gott ist unsre Zuversicht und Stärke, eine Hilfe in den großen Nöten, die uns getroffen haben. Darum fürchten wir uns nicht, wenngleich die Welt unterginge und die Berge mitten ins Meer sänken.

Psalm 46, 2-3

Verlass dich auf den Herrn von ganzem Herzen, und verlass dich nicht auf deinen Verstand, sondern gedenke an ihn in allen deinen Wegen, so wird er dich recht führen.

Sprüche 3,5-6

Darum sorgt nicht für morgen, denn der morgige Tag wird für das Seine sorgen. Es ist genug, dass jeder Tag seine eigene Plage hat.

Matthäus 6,34

Darum sollt ihr nicht sorgen und sagen: Was werden wir essen? Was werden wir trinken? Womit werden wir uns kleiden? Nach dem allen trachten die Heiden. Denn euer himmlischer Vater weiß, dass ihr all dessen bedürft.

Matthäus 6,31-32

Er hat mir ein neues Lied in meinen Mund gegeben, zu loben unsern Gott. Das werden viele sehen und sich fürchten und auf den Herrn hoffen.

Psalm 40,4

Fürchte dich nicht, du kleine Herde! Denn es hat eurem Vater wohlgefallen, euch das Reich zu geben.

Lukas 12,32

Die auf den Herrn hoffen, werden nicht fallen, sondern ewig bleiben wie der Berg Zion.

Psalm 125,1

Weisheit

Wenn es aber jemandem unter euch an Weisheit mangelt, so bitte er Gott, der jedermann gern gibt und niemanden schilt; so wird sie ihm gegeben werden.

Jakobus 1,5

Und viele Völker werden hingehen und sagen: Kommt, lasst uns auf den Berg des HERRN gehen, zum Hause des Gottes Jakobs, dass er uns lehre seine Wege und wir wandeln auf seinen Steigen! Denn von Zion wird Weisung ausgehen und des HERRN Wort von Jerusalem.

Jesaja 2,3

Gott, der sprach: Licht soll aus der Finsternis hervorleuchten, der hat einen hellen Schein in unsre Herzen gegeben, dass durch uns entstünde die Erleuchtung zur Erkenntnis der Herrlichkeit Gottes in dem Angesicht Jesu Christi.

2.Korinther 4,6

Ich lobe den HERRN, der mich beraten hat; auch mahnt mich mein Herz des Nachts.

Psalm 16,7

An dir allein habe ich gesündigt und übel vor dir getan, auf dass du Recht behaltest in deinen Worten und rein dastehst, wenn du richtest.

Psalm 51,6

Dann wirst du die Furcht des HERRN verstehen und die Erkenntnis Gottes finden. Denn der HERR gibt Weisheit, und aus seinem Munde kommt Erkenntnis und Einsicht. Er lässt es den Aufrichtigen gelingen und beschirmt die Frommen.

Sprüche 2,5-7

Wir wissen aber, dass der Sohn Gottes gekommen ist und uns den Sinn dafür gegeben hat, dass wir den Wahrhaftigen erkennen. Und wir sind in dem Wahrhaftigen, in seinem Sohn Jesus Christus. Dieser ist der wahrhaftige Gott und das ewige Leben.

1.Johannes 5,20

»Ich will dich unterweisen und dir den Weg zeigen, den du gehen sollst; ich will dich mit meinen Augen leiten.«

Psalm 32,8

Böse Leute verstehen nichts vom Recht; die aber nach dem HERRN fragen, verstehen alles.

Sprüche 28,5

Denn er selber, Jesus, bezeugte, dass ein Prophet daheim nichts gilt.

Johannes 4,44

Setze dich nicht mit einem Streitsüchtigen auseinander, damit er dir nicht aus deinen Worten einen Strick dreht.

Sirach 8,14

Rede nicht vor des Unverständigen Ohren, denn er verachtet die Klugheit deiner Rede.

Sprüche 23,9

Prüft aber alles und das Gute behaltet.

1.Thessalonicher 5,21

Wort Gottes

Ich schäme mich des Evangeliums nicht; denn es ist eine Kraft Gottes, die selig macht alle, die daran glauben.

Römer 1,16

Darum legt ab alle Unsauberkeit und alle Bosheit und nehmt das Wort an mit Sanftmut, das in euch gepflanzt ist und Kraft hat, eure Seelen selig zu machen. Seid aber Täter des Worts und nicht Hörer allein; sonst betrügt ihr euch selbst. Denn wenn jemand ein Hörer des Worts ist und nicht ein Täter, der gleicht einem Mann, der sein leibliches Angesicht im Spiegel beschaut; denn nachdem er sich beschaut hat, geht er davon und vergisst von Stund an, wie er aussah. Wer aber durchschaut in das vollkommene Gesetz der Freiheit und dabei beharrt und ist nicht ein vergesslicher Hörer, sondern ein Täter, der wird selig sein in seiner Tat.

Jakobus 1,21-25

Denn ihr seid wiedergeboren nicht aus vergänglichem, sondern aus unvergänglichem Samen, nämlich aus dem lebendigen Wort Gottes, das da bleibt.

1.Petrus 1,23

Wenn dein Wort offenbar wird, so erfreut es und macht klug die Unverständigen.

Psalm 119,130

Und nun befehle ich euch Gott und dem Wort seiner Gnade, der da mächtig ist, euch zu erbauen und euch das Erbe zu geben mit allen, die geheiligt sind.

Apostelgeschichte 20,32

Umso fester haben wir das prophetische Wort, und ihr tut gut daran, dass ihr darauf achtet als auf ein Licht, das da scheint an einem dunklen Ort, bis der Tag anbreche und der Morgenstern aufgehe in euren Herzen.

2.Petrus 1,19

Denn das Wort Gottes ist lebendig und kräftig und schärfer als jedes zweischneidige Schwert und dringt durch, bis es scheidet Seele und Geist, auch Mark und Bein, und ist ein Richter der Gedanken und Sinne des Herzens.

Hebräer 4,12

Denn das Gebot ist eine Leuchte und die Weisung ein Licht, und die Vermahnung ist der Weg des Lebens.

Sprüche 6,23

Und lass das Buch dieses Gesetzes nicht von deinem Munde kommen, sondern betrachte es Tag und Nacht, dass du hältst und tust in allen Dingen nach dem, was darin geschrieben steht. Dann wird es dir auf deinen Wegen gelingen und du wirst es recht ausrichten.

Josua 1,8

Dein Wort ist meines Fußes Leuchte und ein Licht auf meinem Wege.

Psalm 119,105

Und dass du von Kind auf die Heilige Schrift kennst, die dich unterweisen kann zur Seligkeit durch den Glauben an Christus Jesus. Denn alle Schrift, von Gott eingegeben, ist nütze zur Lehre, zur Zurechtweisung, zur Besserung, zur Erziehung in der Gerechtigkeit.

2.Timotheus 3,15-16

So kommt der Glaube aus der Predigt, das Predigen aber durch das Wort Christi.

Römer 10,17

Selig ist, der da liest und die da hören die Worte der Weissagung und behalten, was darin geschrieben ist; denn die Zeit ist nahe.

Offenbarung 1,3

So nehmt nun diese Worte zu Herzen und in eure Seele und bindet sie zum Zeichen auf eure Hand und macht sie zum Merkzeichen zwischen euren Augen.

5.Mose 11,18

Ihr sucht in der Schrift, denn ihr meint, ihr habt das ewige Leben darin; und sie ist's, die von mir zeugt.

Johannes 5,39

Und seid begierig nach der vernünftigen lauteren Milch wie die neugeborenen Kindlein, damit ihr durch sie zunehmt zu eurem Heil.

1.Petrus 2,2

Zufriedenheit

Ein Betrübter hat nie einen guten Tag; aber ein guter Mut ist ein tägliches Fest.

Sprüche 15,15

Seid nicht geldgierig, und lasst euch genügen an dem, was da ist. Denn der Herr hat gesagt: »Ich will dich nicht verlassen und nicht von dir weichen.«

Hebräer 13,5

Ein fröhliches Herz tut dem Leibe wohl; aber ein betrübtes Gemüt lässt das Gebein verdorren.

Sprüche 17,22

Die Frömmigkeit aber ist ein großer Gewinn für den, der sich genügen lässt.

1.Timotheus 6,6

Ein gelassenes Herz ist des Leibes Leben; aber Eifersucht ist Eiter in den Gebeinen.

Sprüche 14,30

Dein Herz sei nicht neidisch auf den Sünder, sondern trachte täglich nach der Furcht des Herrn; denn das Ende kommt noch, und dann wird deine Hoffnung nicht zuschanden.

Sprüche 23,17-18

Nachwort

»Das Bibel Taschenbuch« entstand über einen Zeitraum von mehr als sechs Jahren. In dieser Zeit stellte ich fest, dass die Bibel mit all ihren Geschichten und Gleichnissen in Zeiten der Not, in der wir dringend Hilfe benötigen, uns Worte mit ganz erheblichem Trost und neuem Mut spendet.

Doch die meisten Menschen weichen bei der Vorstellung, die Bibel lesen zu wollen, zurück. Das Buch der Bücher erscheint uns als »zuviel«.

»Das Bibel Taschenbuch« macht hingegen durch seinen strukturierten Aufbau nach Stichwörtern wichtige Bibelstellen schnell auffindbar.

Beginnen wir dann die Worte aus dem Buch der Bücher zu lesen, erfasst uns schnell ein Bedürfnis, mehr darüber zu erfahren. Wagen wir den Schritt und lesen weiter, lesen den Kontext, der die hier aufgeführten Fundstellen umgibt.

Zu den Zeiten, in denen wir Not empfinden und uns nach Hilfe sehnen, finden wir dann Mut und Zuversicht.

Doch auch in Zeiten, in denen es uns gut geht, sollten wir von Zeit zu Zeit in uns einkehren und aus der Bibel in voller Dankbarkeit lesen.

Wenn wir die Worte auf uns wirken lassen, so werden wir die heilsame Wirkung deutlich spüren. Es ist ein lohnender Weg.

Weitere Informationen:

www.bibel-taschenbuch.info